초판 1쇄 인쇄일 | 2007년 01월 20일   초판 1쇄 발행일 | 2007년 01월 25일
초판 7쇄 인쇄일 | 2010년 04월 26일   초판 7쇄 발행일 | 2010년 04월 30일

지은이 | 이지현
펴낸이 | 강창용
펴낸곳 | 느낌이 있는 책
　　　　주소 경기도 고양시 일산서구 덕이동 978-1
　　　　전화 (代)031-932-7474 / 팩스 031-932-7480
　　　　E-mail 주소 feelbooks@paran.com
　　　　등록번호 제 10-1588　등록년월일 1998. 5. 16
　　　　출판기획 | 김명숙　책임편집 | 조미영·이세경
　　　　디자인 | 가혜순　책임영업 | 최강규·김영관

절대로 놓치지 말아야 할 인생 역전의

좋은 꿈

꿈으로 예언하는 무녀 **다비 이지현** 지음

느낌이 있는 책

꿈이 전하는 당신의 미래…….

꿈은 많은 것을 말해줍니다. 앞으로 일어날 일에 대한 암시를 하기도 하고, 자신의 과거를 돌아보게도 하며, 자신 또는 가족이나 주변 사람들의 신변과 관련한 일을 알려주기도 합니다. 특히 새로운 일을 추진하거나 확장할 계획을 세우고 있다면 당신이 꾼 꿈은 더욱 중요해집니다. 잠시 보류하고 때를 기다릴 것인지, 아니면 좀 더 자신감을 가지고 적극적으로 부딪쳐갈 것인지를 암시하기 때문입니다.

그런데 아무리 좋은 꿈을 꿨다고 하더라도 노력하지 않고 행운만 기대하는 것은 어리석은 일입니다. 당신의 노력 여하에 달린 것입니다. 꿈은 그 길흉을 점쳐 그에 따른 올바른 대처를 할 수 있도록 도와주는 진심어린 조언자에 불과하기 때문입니다.

이 책은 해몽을 보다 찾기 쉽도록 인물, 물건, 동물 등으로 장을 구분하였고, 각 장은 가나다순으로 정리했습니다. 또한 다양한 키워드를 이용하여 해몽에 접근할 수 있도록 편집했습니다. 한 예로 '새장의 새가 도망가는 것을 본 꿈'을 꿨다면 〈제3장 물건·사물〉의 '새둥지·새장'과 〈제4장 동물〉의 '새' 항목에서 원하시는 꿈의 해석을 찾으실 수 있습니다.

머지않아 당신 앞에 커다란 행운이 기다리고 있을지도 모릅니다. 잠들기 전 이 책을 가까이에 두고 편안한 마음으로 잠을 청하십시오. 만약 어떤 꿈을 꿨다면 이 책을 펼쳐 꿈이 당신에게 전하는 메시지를 확인해보십시오. 그리고 당신의 손으로 직접 행운을 거머쥐시기를 바랍니다.

머리말 … 04

제1장 인물

제2장 신체

제3장 물건

제4장 동물

제5장 식물

제6장 자연

제7장 장소

제8장 행동 · 사건

제9장 태몽

부록 - 복권에 당첨되는 꿈

제1장

인물

가수

● 유명한 가수와 함께 노래를 부르는 꿈

사업을 진행하면서 좋은 협력자를 만나거나 조력자를 만나 성공을 거두게 되는 꿈이다.

● 가수의 노래를 감상하는 꿈

기쁜 소식을 전하는 우편물, 전화 등을 받게 되는 꿈이다.

간호사

● 간호사의 부축을 받는 꿈

부하직원이나 기타 사람의 도움과 협조를 얻어 새로운 회사에 취직을 하게 될 것이다.

● 간호사로부터 약을 받는 꿈

애인이나 친구에게 예쁜 선물을 받는 것으로 횡재, 금전적인 이익, 계약 체결 등의 꿈이다.

강도

● 어두운 길에서 강도가 덤벼들어 돈을 빼앗아간 꿈

사업상 큰돈이 들어오거나 뜻밖의 횡재를 할 징조다.
꼭 당장에 돈 자체가 들어오지 않더라도 결과적으로
는 재물을 얻게 되는 등의 좋은 일이 있을 것이다.

● 잠을 자다 이상한 기척에 깨보니 칼을 든 강도가 들
어와 자신을 위협하고 있는 꿈

재물이 굴러 들어올 징조다.

● 자신과 강도와 싸우다가 자신이 죽는 꿈

근래에 자신을 괴롭히던 근심이 사라지는 꿈이다.

거인

● 큰 바위 덩어리를 먹고 거인이 되는 꿈

평소 소원하던 것이 이루어진다. 또 재물, 명예 등을
얻게 되며 합격의 영광도 얻게 되는 꿈이다.

거지

● 거지와 더불어 이야기를 나누는 꿈
생각지도 않았는데 집안이나 자신에게 좋은 일이 생기고, 일이 성공을 거두게 된다.

● 구걸하는 거지에게 먹을 것이나 돈을 주거나 헐벗은 거지에게 자기 윗옷을 벗어주고 온 꿈
꿈속에서나마 공덕을 베푼 것으로, 그간의 어려움이 해결되고 앞날이 훤히 트일 암시다. 가정적으로도 평안이 찾아오며 웃을 일만 생기게 된다.

● 누더기를 입은 거지를 보는 꿈
재물이 들어오게 된다.

● 어떤 거지와 함께 길을 가는 꿈
고립무원에 있는 어떤 사람과 협력하거나 진행시킬 일이 생길 것이다.

건축가

● **건축가와 상담을 하는 꿈**

사업에 있어서 새로운 일거리가 생기게 되는 꿈이다.

● **자신이 건축가가 되는 꿈**

진행하고 있는 사업이나 일이 순조롭게 진행되어 성공을 거두게 될 꿈이다.

군인

● **군인들이 행진하는 것을 지켜보는 꿈**

계획하는 일이 잘될 것이다. 정치가가 이런 꿈을 꾸면 자신의 전략이나 정책이 관철되는 것을 암시한다. 이때 군대가 앞으로 전진할 태세를 갖추면 자신의 정책이나 전략이 성공하게 됨을 암시한다.

● **군인용 칼을 얻는 꿈**

자신의 신분이나 지위가 상승되어 여러 방면에서 도움이 될 징조다.

● **여기저기 포탄이 터지며 다가오는 꿈**

어떤 일이나 사업에 연달아 성공하여 세상 사람들에

게 주목을 받게 될 것이다.

● 영장을 받는 꿈
입학이나 취직 등의 합격 통지서가 온다.

● 자신이 군인이 되어 적과 총격전을 벌이는 도중 적
들이 총에 맞아 하나하나 죽어가는 꿈
계획하는 일이 잘되어 소원을 이루게 될 꿈이다. 여기
서 꿈속의 적은 자신의 일에 있어 방해자이거나 일의
걸림돌을 상징하므로 죽인 수가 많을수록 일이 잘된다.

귀신

● 귀신과 싸우는 꿈
장수할 꿈이다. 그 귀신이 이상하게
생길수록, 그 수가 많을수록 재수가
좋은 길몽이다. 또한 귀신과 싸워
이겼다면 앓고 있던 병이 씻은 듯 낫
게 되거나 직장인이라면 승진을 하게
된다.

● 무서운 귀신을 보지만 전혀 두렵지 않은 꿈

횡재를 하게 되거나 자신의 일이나 자신에게 도움이 될 귀인을 만나게 될 것을 예시한다.

● 자신 앞에 나타난 귀신을 몽둥이로 때려 흔적도 없이 없애버리는 꿈

그동안 자신을 괴롭히던 정신적 고민거리가 사라진다.

귀인

● 귀인을 초대하여 대접하는 꿈

어려운 순간에 귀인으로부터 도움을 받아 일을 성사시키게 된다. 이로 인해 세상에 이름을 알리게 될 것이다.

● 고관이나 귀인으로부터 어떤 책임이나 명령을 받는 꿈

부귀영화를 얻고 출세와 성공, 안정을 얻게 될 꿈이다.

● 귀인이나 고관에게서 비단을 선물 받는 꿈

진급이나 신분상승의 기회를 얻게 되는 것을 의미한다.

● 꿈에 만난 사람이 귀인형으로 후덕하게 생긴 꿈
생각지 않았던 조력자를 만나거나 물질적으로 도움을
주는 사람을 만나 성공을 거두는 꿈이다.

귀족

● 귀족이 되어 검은 예복을 입고 궁전 안을 거니는 꿈
부모로부터 재산을 상속받거나 사업이 성공하여 금전
적으로 여유로워지며 결혼생활이 부유해질 것을 암시
한다.

기술자

● 자신이 건축 기사나 건설 감독이 되어 대형 빌딩 공
사에 참여하여 일을 하고 있을 때 사장인 듯한 사람이
와서 자신의 손을 잡으며 격려의 말을 하는 꿈
모든 일이 순조롭게 풀리게 되고 성공을 거두게 된다.
사업을 하는 사람이 이런 꿈을 꾸었다면 불이 일듯 사
업이 번창하게 되고 취직을 하려는 사람이면 좋은 직
장에 들어가게 된다.

대통령

● 대통령 등 지위가 높은 사람이 권하는 술을 받아 마시는 꿈
귀인을 만나 운이 트이고 명예와 권세를 얻게 된다.

● 대통령을 따라 방으로 들어가는 꿈
직장에서 승진하거나 계획하던 일이 성취된다. 그리하여 명예를 얻게 된다.

● 대통령과 비행기를 함께 타는 꿈
직장인이 이런 꿈을 꾸게 되면 크게 승진하거나 사장이 새로 오게 된다.

● 대통령과 악수하는 꿈
평소 존경하던 사람과 어떤 계약이 성립되거나 명예가 주어진다.

● 대통령과 함께 나란히 걸어가는 꿈
앞으로 자기가 가장 존경하는 사람과 함께 일을 하게 될 것이다.

● 대통령에게 자신이 경의를 표하는 꿈

국가가 자신의 신변을 보호해줄 일이 생기거나, 대통령이 상징하는 어떤 인물, 즉 아버지나 윗사람 등이 자신을 원조해줄 것이다.

● 대통령이 수행원을 데리고 자기 집에 왔다 가는 꿈

직장인이라면 직장에서 중대한 책임을 맡게 되고, 공기업이나 공공기관에 있는 사람이라면 정책적으로 중요한 역할을 하게 된다.

● 대통령이 자기 집에 오겠다는 약속을 하는 꿈

최대의 명예와 권리가 주어질 일이 생긴다.

● 대통령이 주는 명함을 받는 꿈

크게 횡재할 꿈으로 어떤 기관이나 회사, 기업체 등에서 권리의 일부를 획득하게 된다. 복권에 일등으로 당첨된 사례도 있다.

● 불이 난 곳에서 열심히 불을 끄고 있는데, 대통령이 와서 지켜보고 있는 꿈

어떤 사업장에서 큰 행운이 있을 것을 예시하고 있다.

● 자신이 대통령 표창을 받는 꿈

어떤 명예로운 상을 받게 되거나 직장인이라면 영전을 하게 될 길몽이다.

● 자신이 대통령에게 음식을 대접하는 꿈

대통령이 그 음식을 먹으면 평소의 소원이 직장 상사나 기관의 윗사람 등을 통해 이루어진다. 만약 대통령에게 술을 대접하는 꿈이라면 크게 명예를 얻거나 직장 상사의 도움으로 취직이나 승진 등을 할 것이다.

● 황제, 대통령, 수상 등 통치자가 사망하는 꿈

최고 최대의 성취와 명예가 주어진다.

도둑

● 도둑이 들어와 물건을 훔쳐가는 것을 보는 꿈

지금까지의 근심·걱정, 집안의 우환이나 재앙이 말끔히 씻겨나가게 된다.

● 도둑이 와서 벽을 뚫어놓는 꿈

자기 일이나 사업 또는 연구 등이 크게 발전하고 좋은

성과를 얻을 때가 머지않았음을 예시한다.

● 어떤 도둑이 칼에 찔려 피를 흘리는 꿈
횡재수가 있을 것이다. 혹은 다른 어떤 좋은 일로 실
현될 것이다.

● 자기 집에 들었던 도둑을 잡으려고 뒤쫓아 갔지만
결국은 놓친 꿈
애를 먹였던 문제들이 시원하게 해결되고, 병중에 있
었던 사람은 회복세에 들어서게 된다.

● 자신이 도둑과 함께 도둑질을 하는 꿈
예상치 못한 행운이 오거나 조력자, 후
원자 협력자를 만나게 될 꿈이다. 또
한 집안에 생각지 못한 큰 재물이
들어오거나 경사가 생기게 되는 꿈
이다.

● 자신이 도둑질을 위해 들키지 않고 남의 집 담을 넘
어 들어가는 꿈
한마디로 고생 끝, 행복 시작이다. 계획했거나 소망했

던 일들이 성취되어 성공을 거두게 되고 출세하게 된다.

● 집에 도둑이 들어 돈이나 귀중한 물건을 도둑맞은 꿈
사업이나 장사에서 이득을 보게 될 암시다. 거래나 계
약을 앞두고 이런 꿈을 꾸었다면 그것으로 인해 큰 이
득을 보게 될 징조이므로 반드시 성사시키는 것이 좋
다. 직장인인 경우에는 봉급 외에 다른 돈이 들어오게
될 암시다. 도둑맞은 물건이 많고 피해의 규모가 클수
록 들어오는 이익도 크다.

돌아가신 부모

● 돌아가신 아버지가 나타나서 지폐 한 장을 주는 꿈
횡재수가 생기거나 뜻하지 않은 재물을 얻게 될 것이
다. 실제로 이런 꿈을 꾸고 복권에 1등 당첨된 사례가
있다.

● 돌아가신 부모님이 빙그레 웃고 있는 꿈
행운이 찾아올 좋은 꿈이다. 자신에게 좋은 일이 생길
것이다.

● 돌아가신 부모님이 잘생긴 말을 타고 집에 들어오
는 꿈
기쁜 소식이 있을 징조다. 행운이 찾아오며 재수를 불
러올 새 사람을 맞이하게 된다.

● 돌아가신 부모님이 흰 두루마기를 입은 모습으로 밝
고 즐겁게 있다가 가신 꿈
어떤 정신적·물질적인 유산을 분배받거나 자기의 뜻
에 잘 따라줄 사람을 얻게 된다.

● 돌아가신 어머님이 추운 날씨에 고생한다고 말씀하
신 꿈
사업이나 추진하던 일, 작품, 학문 등에 있어 은인이
나 협조자를 만나 좋은 일이 있게 될 것이다.

● 죽은 부모가 자신 앞에 나타나 어떤 일을 지휘하거
나 예언을 하는 꿈
사업이나 소망하는 일 등에 큰 힘이 되어줄 협조자를
얻게 되거나 자녀를 얻게 됨을 예시한다.

● 돌아가신 분이 지폐 뭉치를 누군가에게 주는데, 그

돈을 자신의 것이라고 생각하는 꿈

금전 계약이나 인기인들은 전속 계약을 체결할 일이
생기게 된다. 혹은 독점 상품이나 특허품 등에 관련한
좋은 제의를 받게 될 것이다.

딸

● 시집간 딸이 꿔간 돈을 돌려주는 꿈

뜻하지 않았던 재물을 얻게 되는 횡재의 꿈이다.

마술

● 마술에 관심을 가지는 꿈

대인관계에 있어서 좋은 사람이 나타나거나 헤어졌던
애인과 다시 만나는 등의 좋은 변화가 생긴다.

● 자신이 마술사가 되어 마술에 성공하는 꿈

숨겨져 있던 자신의 재능을 발휘하게 된다. 원하던 일
이나 소망이 이뤄지는 좋은 꿈으로 다른 사람들로부
터 주목을 받게 된다.

목수

● **목수가 새로운 집을 짓는 꿈**

여기서 목수는 정치인이나 법관, 교수나 예술가 등의 동일시 인물일 수 있는데, 그들의 연구나 사업, 예술 작품 등이 좋은 결과를 잇게 된다는 것을 암시한다. 또는 꿈을 꾼 자신이 창작활동이나 사업을 하게 될 수 있다.

● **목수가 자기 집 안으로 들어오는 꿈**

현재 어려움을 겪고 있었다면 이제 해결의 실마리가 풀리기 시작한다는 징조다. 병을 앓고 있었던 사람은 차츰 건강을 회복하게 되고, 가정 내에 불화가 있었다면 다시 화목을 되찾게 된다.

● **목수가 나무를 고르게 대패질하는 꿈**

새로운 기술과 고급 기술을 습득하게 되거나 계획한 새로운 일이 있으면 잘 풀리고, 어떠한 전환점에 도달하는 일이 생겨 새롭게 일을 시작하게 된다.

● **목공소에서 목수가 주름못과 디귿자 못을 사용하는 꿈**

문제가 있어서 여러 갈래로 나뉜 단체나 조직이 결합
되거나 문제가 있던 계약이 체결되고 해결되는 꿈이다.

무당

● 많은 사람들이 모여 있는 가운데 무당이 굿하는 것
을 지켜보는 꿈
크게 사업을 확장하여 널리 알리거나 광고하는 일을
상징한다.

● 자신이 무당 집에 가거나 그곳에서 춤이나 노래를
하는 꿈
글을 쓰는 사람이라면 자신이 쓴 글이 어떤 잡지에 게
재 되거나 공모에 당선되는 꿈이다.

무사

● 자신이 무사가 되어 상대와 싸워 이기는 꿈
새로운 일이나 책임이 생기는 꿈으로 사회적으로 크
게 성공을 거두게 된다.

부모

● 갓난아기가 된 자신을 어머니가 품에 안고 젖을 먹이는 꿈

꿈속에서 아주 만족스럽고 편안한 기분으로 젖을 빨고 있었다면 좋은 꿈이다. 모든 상황들이 젖줄을 대듯 자신에게 유리한 방향으로 척척 맞아떨어져 승승장구하게 될 징조다. 가만히 있어도 도와줄 사람이 나타나며 부족함을 느끼기 전에 만족스럽게 채워진다.

● 괴한이 부모님을 해치거나 죽이는 꿈

부모님에게 좋은 일이 생길 것이다. 평소 부모님이 소원하던 일들이 원만하게 이루어질 징조다. 또 가업이 번창하고 가정도 화목하여 걱정거리가 없게 된다.

● 부모가 죽어서 통곡하거나 슬퍼하는 꿈

유산을 받게 되거나 어려운 상황에 있던 작품이나 사업, 일 등이 성취된다.

● 부모와 함께 길을 걷는 꿈

모든 것이 순조롭고 가정이 화목해짐을 예시한다.

● 아버지의 오래되고 낡은 양복을 자신이 입고 있거나 입게 되는 꿈

부동산이나 사업 등의 유산이나 집안 재산을 상속받게 될 것을 암시하는 꿈이다. 꼭 상속이 아니더라도 부모님이나 조상의 후광으로 이득을 얻게 될 징조다.

● 아버지의 자전거 뒤에 타고 가는 꿈

아버지와 동일시되는 윗사람 또는 자신을 도와줄 사람 등이 나타나 어떤 새롭고 좋은 일이 일어날 것이다.

● 평소에 잘 알던 사람이 어머니를 죽이는 장면을 목격하는 꿈

앞을 가로막고 있던 장애물들이 사라지고 좋은 기회들이 열리게 된다. 그동안 답답하게 여겼던 상황에서 벗어나 자유롭게 뭔가를 해볼 수 있는 시기가 온 것이다. 좀 더 의욕을 가지고 적극적으로 임한다면 좋은 결과를 볼 수 있다.

부부·배우자

● 남편(아내)의 시체가 버려져 있는 것을 발견하고 소

스라치게 놀란 꿈

남편(아내)에게 뜻하지 않은 행운이 찾아올 꿈이다. 잘 풀리지 않았던 일이 있었다면 한꺼번에 풀리게 되고 걱정거리가 사라진다.

● 남편을 힘껏 끌어안는 꿈

기쁜 일이 생기거나 생각지도 않던 돈, 재물, 이권 등을 얻게 될 것을 예시한다.

● 남편이 바람을 피워 아이를 낳아오는 것을 보고 욕설을 퍼붓는 꿈

남편의 일이 잘되어 소득이 생길 꿈으로 처음에는 불안감이나 불만스러운 감정이 있었으나 나중에 크게 만족할 일이 있게 될 것을 암시한다.

● 남편(또는 아내)이 화장실에서 대변을 보고 있는 꿈

직장, 혹은 하는 일, 사업 등에서 실력을 인정받게 된다. 혹은 부지런히 움직임으로써 성공을 보장받을 수 있게 될 것이다.

● 부부싸움을 치고받으며 요란하게 하는 꿈

부부 사이에 애정이 더 두터워져 행복해질 것이다.

● 아내가 담 밑에서 아이를 낳는 꿈
직장인이라면 승진을 하게 되거나 취직을 기다리는 사람은 소원을 성취하게 된다. 또한 돈이 들어올 것이다.

● 아내와 이별을 하게 되어 서럽게 우는 꿈
근심 걱정이 사라지고 전화위복하여 대길할 꿈이다. 여기서 아내는 애착을 가지고 있는 일을 상징하고, 크게 운 것은 감정의 정화를 의미하므로 근심 걱정이 사라져 대길하게 될 것이다.

사장

● 자기가 사장이 되어(혹은 실제로도 사장인 사람이) 직원들에게 월급을 주는 꿈
수입이 증가하게 될 징조다.

● 자신의 회사 사장이 논과 밭을 사준다고 말하는 꿈
권리나 영토, 사업장이 마련될 것을 예시한다.

● 회사 사장이 자기 집을 방문하는 꿈

어떤 기관이나 단체로부터 권리나 이권, 명예 등을 획득하게 될 것을 예시한다.

생선장수

● 생선장수에게 물고기를 사는 꿈

재물과 관계되어 노력했던 일이 대가를 받게 된다.

● 시장이나 길거리에서 생선장수가 큰 물고기를 토막내서 주는 꿈

필요하던 사업 자금을 끌어올 수 있다. 이외에도 여러 가지 방법에 의해서 돈을 얻게 된다.

선녀

● 갑자기 길을 잃어 헤매고 있을 때 아리따운 선녀나 신령을 만난 꿈

귀인의 도움을 받아 출세하고 소원을 이루게 됨을 암시하는 꿈이다. 이밖에도 건강과 장수를 누리게 되며 집안이 번성하고 재물운도 따르는 꿈이다.

● 공중에서 선녀가 춤을 추는 꿈

미혼인 경우에는 자신의 천생연분을 만나게 되며, 기혼이나 연인이 있는 경우에는 애정이 더욱 무르익거나 그 결실을 맺게 된다.

● 남자인 경우 선녀와 결혼하는 꿈

훌륭한 사람을 만나 도움을 받게 되고 추진하던 계획이 잘 이루어지거나 계약이 성립된다.

● 선녀가 무지개를 타고 내려오는 꿈

부귀영화를 누릴 사람으로 출세한다.

● 선녀와 육체관계를 맺는 꿈

뜻밖의 일로 돈을 벌게 되고 이로 인해 명예를 얻게 된다.

● 천사나 선녀가 하늘로 날아 올라가는 것을 본 꿈

인생의 전환기를 맞게 될 것을 암시한 꿈이다. 자기 앞에 지금까지와는 다른 새로운 삶이 펼쳐져 있다는 것을 암시한다.

● 과거의 은사나 존경하던 선생님을 보는 꿈
자신의 일이나 사업에 협조적인 사람을 만나거나 자
신에게 호의를 보일 사람을 만난다.

● 자신이 선생님이 되어 학생들을 가르치는 꿈
많은 사람들을 향해 자신의 사상이나 이념, 이론 등을
널리 알리게 될 일이 있을 것이다.

성모마리아

● 성모마리아 앞에서 기도를 하는 꿈
예상하지 못했던 사람의 협조를 받게 되고
그동안 이루어지지 못했던 소원이나 계획
했던 일이 성취된다.

● 성모마리아가 자신을 향해 가까이 다가오는 꿈
훌륭한 지도자나 권력자 밑에서 일을 하게 될 것을 예
시한다. 혹은 자신의 어떤 소원이 이루어질 것이다.

● 성모마리아상의 얼굴에서 피가 흐르는 꿈
종교적인 큰 진리를 깨닫거나 사회적으로 봉사활동을
시작하게 된다. 창의적인 아이디어로 사업이나 작품
측면에서 성공을 거두는 꿈이다.

● 성모마리아가 성수를 뿌리는 꿈
지난날의 과오를 되돌아보고 새로운 모습으로 변화된
생활을 시작하고자 하는 자신을 나타내는 꿈이다. 또
한 사업적인 성공이나 금전적인 이득을 얻게 되는 것
을 암시한다.

손님

● 먼 곳에서 귀한 손님이 찾아오는 꿈
승진 소식이 있거나 술과 음식을 배불리 먹을 일이 생
길 것을 예시하는 꿈이다.

● 손님을 초대하여 조용하고도 즐겁게 술을 먹는 꿈
장수와 건강을 의미한다.

● 손님이 주머니에서 서류를 꺼내놓는 꿈

진행하고 있는 계획이나 사업이 좋은 소식을 얻게 되는 꿈으로 실제로 문서와 관련하여 기쁜 소식을 듣게 된다.

수녀

● 웬 고운 노랫소리가 들리기에 두리번거리다 보니 젊고 아리따운 수녀가 노래를 부르고 있었던 꿈

평소에 이상형으로 생각했던 여성을 만나 행복한 결혼 생활을 하게 될 것에 대한 암시다.

● 테레사 수녀처럼 늙고 초라해 보이는 수녀가 자신에게 도움을 요청하는 꿈

현재는 어려움을 겪고 있지만 이 어려움을 잘 견디면 머지않은 미래에 크게 성공하게 될 것이란 암시다.

스님

● 노승에게서 불경을 얻는 꿈

유명한 학자에게 학력을 인정받거나 출세할 방도가 생긴다.

● 스님에게 불교 경전을 놓고 가르침을 구하는 꿈

귀인이 나타나 큰 도움을 주게 될 것을 예시한 꿈이다.
또는 스스로의 깨달음에 관한 것일 수도 있다. 대단히
중요하지만 그동안 잊고 지냈던 것을 깨닫게 되며 그
로 인해 소중한 것을 얻게 될 것이다.

● 스님에게 시주를 하는 꿈

스님에게 시주를 한다는 것은 부처님께 공양물을 바
치는 것이므로 평소에 소원하던 것을 이룰 꿈이다.

● 스님이 승무를 추는 것을 보는 꿈

귀인의 도움으로 어떤 일이든 성공하여 부귀를 누리
게 될 것을 예시한다.

● 어떤 여자가 갑자기 스님으로 변하는 꿈

사업, 추진하던 일 등이 승승장구하게 되고, 미루어왔
던 계약 등이 체결된다.

● 자기 자신이 승려가 되어 있는 꿈

사업이 잘 풀려나가고 능력을 인정받게 되며 의욕을
펼쳐 보일 좋은 기회를 맞이하게 된다. 병중에 있던

사람은 곧 차도를 보이게 된다.

시체

● 시체가 여기저기 즐비하게 널려 있는 것을 보는 꿈
사업이나 추진 중인 일이 크게 번성하게 되고 운수가
대길하여 횡재수가 있거나 재물, 명예, 이권 등을 얻게
된다.

● 관 속에 있는 시체가 썩어 물이 흐르는 꿈
사업이나 어떤 일이 크게 성공하며, 재물이 쌓이게 되
어 사람들로부터 존경과 부러움을 사게 될 것이다. 또
한 썩어 흐른 물에 곰팡이나 버섯 같은 것이 피어올랐
다면 업적을 남기게 될 것이다.

● 길거리에 널려 있는 송장을 발길로 차서 굴리는 꿈
사업을 구상하거나 추진하게 되며, 사업에 필요한 자
본을 쉽게 구할 수 있을 것이다.

● 누군가 자기 대신 시체를 운반하는 것을 보는 꿈
자신의 사업이나 자신이 추진하던 어떤 일에서 다른

사람이 돈을 벌게 된다. 또는 다른 사람이 자신의 일
을 대신 처리해주기도 한다.

● 누군가의 시체에 하얀 구더기가 우글거리는 꿈

사업이나 추진하던 일이 크게 성공하여 많은 재물을
쌓게 된다.

● 물에 떠내려 온 시체를 건지는 꿈

어떤 공(公)기관을 통해 계획하는 일이나 추진하는 사
업이 이루어지게 될 것이다.

● 방 안에 둔 시체가 갑자기 늘어나 방 안에 가득 찬 꿈

어떤 일로 인해 돈을 벌게 될 뿐만 아니라 그 돈이 크
게 불어나서 막대한 재산이 될 것이다.

● 방 안에 있던 시체에서 썩은 냄새가 나는 꿈

사업이나 일, 집안이 크게 잘되어 사람들의 부러움을
사게 될 것이다.

● 상갓집에 갔다가 관 뚜껑이 열려 있어 시체가 보이
는 꿈

인물

사회적으로 알려진 어떤 일을 하게 되
어 많은 성과를 얻게 된다. 또는 사람
의 재산을 관리하게 되어 자신도 득을
보게 된다.

● 시체를 관에 넣어 태우는 꿈
자금을 투자해서 사업을 더 키우게 되며, 사업은 크게
성취될 것이다.

● 시체를 끌어안고 있는 꿈
꿈에서 끌어안은 시체가 흉한 몰골일수록 큰 행운이
따르게 된다. 소원이 성취되고 일이 잘 풀린다.

● 시체를 누군가와 맞들고 오는 꿈
속된 말로 다 된 밥을 떠먹기만 하면 될 일이 있을 것
이다. 일거리를 얻게 되거나 이미 이루어놓은 어떤 일
로 인해 돈을 벌게 될 것이다. 혼담이 있었던 남녀는
결혼을 할 것이고, 사업가는 진행시켜온 일이 잘되어
돈을 벌게 된다.

● 시체를 땅에 묻는 꿈

돈을 저축할 일이 있을 것이다. 만약 시체를 공동묘지에 묻으면 사회사업에 투자할 일이 있게 된다.

● 시체를 홑이불로 덮어씌운 꿈
사업이나 어떤 일을 성취하여 오래도록 그 성공을 누리게 된다. 혹은 모아둔 재물을 오래도록 보존하게 된다.

● 쌀독 속에 쌀 대신 송장이 있는 것을 보는 꿈
기관이나 관청 등에 청탁한 일이 성취된다.

● 자신이 누군가의 시체 앞에서 우는 꿈
사업이나 추진하던 일이 성공하여 기뻐하게 된다.

● 자신이 누군가의 시체를 걸머지고 오는 꿈
사업이나 추진하던 일들이 잘 성사되어 재물을 얻게 될 것이다.

● 자신이 사람을 죽이고 그 시체에서 소지품을 빼앗아 가지고 달아나는 꿈
사업이나 어떤 일 등을 크게 성취하여 그에 대한 대가로 많은 돈을 벌게 된다.

● 자신이 시체를 짊어지고 집 안으로 들어가는 꿈
소원이 성취되고 어렵게 전개되던 일이 이루어지고 돈,
재물 등이 쌓이며 명예를 얻게 된다.

● 자신이 아는 어떤 사람이 죽어서 그 시체에 절을 하
며 곡을 하는 꿈
생각지도 않던 많은 유산을 상속받게 된다.

● 차나 바위에 깔려 죽은 시체를 보는 꿈
자신과 관련되어 있는 어느 기관에서 일이 성취될 것
을 예견한다.

● 한밤중에 자신과 관련이 있는 시체를 다른 사람들의
눈을 피해 길가에 내놓는 꿈
사업 계획 · 추진한 일이 크게 성공을 이루고 이로 인
해 명성을 얻게 되어 유명인이 된다.

신령 · 신선

● 수염이 긴 백발의 신령에게 무엇인가를 받는 꿈
장차 일신이 영예로워지거나 부귀를 누리게 될 것이다.

● 어떤 백발노인에게서 가루약을 받아먹는 꿈

어떤 기관이나 관련 당국 등에서 사업이나 일에 대한
방도, 자본, 재물, 능력, 영향력 등을 받아 크게 성공
하게 된다.

● 자신이 신선이 되어 있는 꿈

자수성가하여 행복한 인생을 열어가게 될 것이다. 또
한 사업이 번창하며 추진하던 일, 소망 등이 크게 이
루어져 편안한 삶을 살아가게 되는 좋은 꿈이다. 그러
나 노인이 이런 꿈을 꾸게 되면 현실에서 죽음을 의미
하는 경우도 있다.

신적인 존재

● 갈증이 나서 허덕이고 있을 때 하느님, 부처님, 신령
님 등 신적인 존재가 물을 주며 마시라고 하는 꿈

그간의 근심이나 부족함이 해소되며 소원을 이루게
된다.

● 기도를 드리는데 하느님이나 부처, 예수, 보살 등의
신적인 존재로부터 무언가를 받는 꿈

최고 최대의 은혜를 받게 될 것을 예시하고 있다. 사업가는 사업이 크게 결실을 맺게 되고, 학생이라면 어려운 시험에 합격하며, 일반인이라면 횡재수나 큰 행운, 최고의 이권을 얻게 될 것이다.

● 신령스런 존재가 구름을 타고 내려왔다가 하늘로 올라가는 꿈

장차 큰 기관이나 권세 있는 사람의 후광을 입어 명예와 영광을 얻어 출세할 사람이 될 것이다.

● 하느님, 부처님, 신령님 등 신적인 존재, 또는 불상이 자기 집으로 들어오는 꿈

명성을 떨치게 되며 사람들의 우러름을 받게 된다. 재물이 따르고 가업이 흥하게 될 꿈이다.

● 하느님, 부처님, 신령님 등 신적인 존재가 온화한 얼굴로 자신에게 미소 짓고 있거나 고개를 끄덕여주는 꿈

이보다 더 좋은 꿈이 없을 정도로 좋은 꿈이다. 무엇이든 마음먹은 대로 해도 좋다.

● 하느님, 부처님, 신령님 등 신적인 존재가 자기를 부

르는 꿈

눈앞에 보이는 신이 불렀건, 모습은 보이지 않고 소리만 들렸건 신이 자기를 부른 꿈은 길몽이다. 지금까지의 고생이 이제 끝났음을 암시한다. 그는 앞으로 탄탄대로를 달리게 된다.

● 하느님, 부처님, 신령님 등 신적인 존재가 자기에게
어떤 지시나 명령을 내리는 꿈
내용을 불문하고 지시나 명령을 받는 것만으로도 소원이 이루어질 좋은 꿈인데 그 지시를 받아 실행에 옮기기까지 했다면 명성을 떨치고 큰 행운이 따르게 된다.

● 하느님, 부처님, 신령님 등 신적인 존재가 자신에게
손을 내미는 꿈
그동안 얽혀 있던 문제들이 실타래 풀리듯 풀려나가고 고민이 사라진다.

● 하느님, 부처님, 신령님 등 신적인 존재가 자신을 데
리고 어디론가 가는 꿈
신적인 존재가 자신의 앞길을 터주기 위해서 인도한다는 의미의 길몽이다. 그러나 병중에 있는 환자라면

저승으로 인도한다는 뜻으로 해석할 수도 있다.

● 하느님, 부처님, 신령님 등의 신적인 존재로부터 약이나 약초 등을 받는 꿈
병원에서도 더 이상 가망이 없다고 돌려보낸 환자였는데 기적적으로 병세가 호전되어 의사마저도 기적이라고 말한 사람들의 경우에는 대부분 이와 비슷한 꿈을 꾼 경우가 많다. 또는 뜻하지도 않게 좋은 직장에서 스카우트 제의가 온다든지 하는 좋은 일이 생길 것이다.

● 하느님, 부처님, 신령님 등 신적인 존재에게서 신발을 받아서 신는 꿈
운수대통이다. 그동안 풀리지 않았던 어려운 문제들이 풀리게 될 징조. 어떤 변화를 도모한다면 그 일에서 성공을 거두게 된다.

● 하느님, 부처님, 신령님 등 신적인 존재와 이야기를 나누는 꿈
세상에 이름을 떨치거나 큰 횡재를 하게 된다.

● 하느님, 부처님, 신령님 등 신적인 존재의 뒷모습을 보는 꿈

추진하는 사업이나 일에 있어 사업 파트너나 동업자, 협력자 등이 잘 협조해주어 일이 잘 풀릴 것을 예시하는 꿈이다.

● 하늘에서 신의 음성이 들리는 꿈

최대의 길몽이다. 어떤 일을 해도 큰 어려움 없이 나아갈 수 있으며, 자신의 뜻하는 바를 이룰 수 있게 된다.

아기

● 갓난아기를 죽이는 꿈

사업이나 추진 중인 일, 소원 등이 성취되고 근심이나 걱정거리가 깨끗이 사라지게 될 좋은 꿈이다.

● 갓난아기의 시체가 관에 담겨진 것을 보는 꿈

작품이 발표되거나 추진하던 일이 성사되어 기뻐하게 된다.

● 곤히 잠들어 있는 아기를 보고 자신도 덩달아 평온

인물

한 기분이 되었던 꿈
평화롭고 행복한 나날들이 이어지며
사업도 순조롭게 풀릴 징조다.

● 아기를 낳거나 낳는 것을 보는 꿈
돈이나 재물 등을 얻게 되며, 예술가라면 작품을 완성하고, 사업가라면 어려웠던 일이 잘 풀리게 된다.

애인

● 바닷가에서 애인과 데이트하는 꿈
현실에서의 애인관계에 변화가 생겨 좋은 결실을 얻게 될 것을 암시하고 있다.

● 애인에게 노트를 빌려오는 꿈
그 애인과의 애정에 있어 어떤 결실을 보게 된다.

● 애인에게 뺨을 얻어맞는 꿈
애인에게 프러포즈를 받게 된다.

● 유원지나 공원에서 애인과 데이트하는 꿈

평소 좋아하던 사람이 자신을 향해 접근하게 된다.

인물

● 자기 애인이나 친한 친구를 마구 때리는 꿈
자신이 때리고 있는 그 사람에 대해 애정이 깊다는 것을 나타낸다.

● 자기의 애인을 다른 여자가 데리고 가버리는 것을 아무렇지도 않게 바라보는 꿈
현실에서 고민하던 일이 다른 사람에 의해 해결되거나 성취될 것이다.

● 짝사랑 또는 삼각관계에 빠졌던 여성이 자기 품에 안기는 꿈
성취하고 싶었던 일이나 계획하던 일, 자신이 관여하던 일을 착수하거나 심적 고통이 해소된다.

약사 · 의사

● 많은 의사들이 둘러싼 가운데 머리를 수술하는 꿈
심사 기관이나 심사 위원들로부터 자신의 문예 작품이나 논문, 학문적 연구물을 심사 받을 일이 있다. 혹

은 기자나 검사 등에게 자신의 이념이나 사상을 피력할 일이 생길 수도 있다. 만약 수술을 받는데 뻐근하거나 쑤시는 듯한 느낌을 느꼈다면 심사 위원이나 기자, 검사 등에게 큰 감동을 주거나 큰 지지를 받게 될 것이다.

● 의사에게 약이나 약봉지를 받는 꿈
어려운 일이 해결되고 여러 가지 면에서 운이 트일 징조다. 어려움을 겪고 있더라도 조만간 해결된다.

● 의사가 진단서에 병이 없다고 진단을 내리는 꿈
직장 상사가 자신의 근무 성적을 좋게 평가할 것이다.

● 의사에게 진료(진찰)를 받는 꿈
어려운 일이 해결되고 운세가 호전될 것을 보여주는 꿈이다.

● 자신이 아이를 낳는데 산부인과 의사가 자신의 다리를 잡고 애를 쓰고 있는 꿈
그동안 자신을 괴롭혀 왔던 문제가 시원하게 해결될 징조다.

어린이

● 교통사고가 나서 사람들이 모여들었기에 가보니 어린아이가 죽은 채로 실려 나오는 것을 본 꿈
아이에게 좋은 꿈이다. 그동안 아이로 인해서 속 썩는 일이 있었다면 후련하게 해결될 조짐이다. 미혼인 사람이나 자녀가 없는 사람이 이런 꿈을 꾸었다면 과감하게 새로운 일에 도전을 해도 괜찮을 시기가 온 것이다.

● 벌거벗은 어린아이가 책을 옆에 낀 채 말하는 꿈
훌륭한 스승의 가르침으로 학문적 성과를 얻게 됨을 예시한다. 또는 교리나 이론 등에 있어 성과를 얻게 된다.

● 어린아이가 없어졌다고 찾아다닌 꿈
그동안 괴롭혀왔던 고민이나 걱정거리가 해결되고, 사업이나 추진하던 일이 번창하여 재물, 명예 등이 함께 따라온다.

● 자신이 어린아이에게 젖을 먹이는 꿈
누군가 못다 이룬 학문이나 그 밖의 일을 자신이 완전

한 것으로 만들게 된다.

● 화재 현장에서 자신이 용감하게 불길 속으로 뛰어들어 어린아이를 구해 나온 꿈
사업이 번창하고 실속 있는 큰 이득을 얻게 될 길몽이다.

여러 사람

● 농성이나 집회를 하는 사람들 틈에서 자기 혼자만 밖으로 빠져나온 꿈
이제야 비로소 자신의 숨은 능력을 멋지게 발휘할 수 있는 기회가 왔다는 의미이다.

● 무수한 만장을 든 장례행렬이 행진하는 것을 본 꿈
자신이 명성을 떨치게 되는 꿈. 상여 뒤를 따르는 행렬이 길면 길수록 명성이 드높아지고 자신을 따르는 사람이 많아짐을 뜻한다.

연예인

● 배우가 무대에서 껄껄 웃는 꿈

현실에서 자신이 많은 사람들을 압도하고 따르게 만들 일이 생길 것이다.

● 유명한 배우가 입던 옷을 받아 입는 꿈
평소 관심을 가지고 있던 분야의 유명한 인기인의 지도를 받거나 협조를 얻어 비슷한 일을 하게 된다.

● 유명한 영화배우나 탤런트 등과 데이트를 하는 꿈
직장이나 모임 등에서 인기를 얻거나 과시할 만한 일이 생긴다.

● 자신이 유명한 가수가 되어 큰 무대에서 노래하고 청중으로부터 열렬한 박수갈채를 받는 꿈
많은 사람들 앞에서 연설을 하거나 예술가인 경우 대중 앞에 공개하여 명성을 떨치게 된다.

● 유명인이나 성인이 자신의 집을 찾아오는 꿈
사업가는 사업이 번성하여 크게 재물을 쌓게 되며, 정치인은 높은 관직을 얻거나 큰 세력을 얻게 된다.

옥황상제

● 옥황상제 앞에서 절을 하는 꿈

관직에 나아가거나 직장인이라면 승진을 하게 되며, 사업가라면 재물을 쌓게 되는 등 자신이 소원하는 일이 이루어진다.

● 하늘나라에 올라가 옥황상제를 만나거나 하늘나라에서 신분이 높은 듯한 무사 차림의 사람들과 얘기를 나눈 꿈

신의 영적인 도움을 받을 암시로 길몽 중의 길몽이다.

● 옥황상제로부터 천도복숭아를 받는 꿈

건강하게 장수를 누리는 꿈이다.

● 옥황상제로부터 꽃을 받는 꿈

평소에 원하던 배필을 만나게 되고, 사업이 번창하여 부귀와 영화를 누리게 되는 꿈이다. 태몽일 경우에는 아름답고 귀한 자식을 얻는다.

왕·왕비

● 왕궁에 들어가 왕이나 왕비와 얘기를 주고받는 꿈
신분이 상승되고 널리 이름을 떨치게 될 꿈이다. 또는
지위가 높은 사람과 인연을 맺게 되어 좋은 방향으로
인생의 전환기를 맞게 된다.

● 왕비나 지위가 높은 여자 앞에서 옷을 벗는 꿈
칭찬을 받거나 지위가 높은 여자와 만날 일이 생긴다.

● 왕의 옷인 곤룡포를 입는 꿈
신분이 상승하고 지위가 높아질 꿈이다. 승진을 하게
되거나 중요한 요직으로 발령이 나게 된다. 사업에 있
어서도 실력 있는 사람을 만나 큰일을 성사시키게 되
고 그로 인해 부귀영화를 누리게 된다.

● 왕의 자리인 용상에 자기가 앉아 있는 꿈
시험에 수석으로 합격하거나 선거에서 당선하게 되며,
자기가 속한 단위 조직에서 최고의 자리에 오르게 되
는 등 명예와 권력이 동시에 주어지게 될 길몽이다.

● 왕의 행렬이 지나가는데 왕의 얼굴을 자세히 보니
자기와 아는 사람이어서 깜짝 놀란 꿈
귀인이 나타날 것에 대한 암시다. 주변의 친구나 동료,
아는 사람의 도움으로 어려움에서 벗어나게 되거나
뜻밖의 도움을 받아 성공하고 부귀영화를 누리게 된다.

● 임금이나 왕자, 황제 등의 부름을 받는 꿈
권력자의 초대를 받거나 그의 주목을 받아 좋은 일이
생길 것이다.

● 왕에게 술을 받아 마시는 꿈
직장에서 능력을 인정받아 높은 직책으로 승진하게
되는 꿈이다.

임산부

● (기혼 여성이) 임신을 하거나 아이를 낳는 꿈
남편이 승진하거나 집안에 경사가 생기며 목돈이 들
어올 꿈이다.

● 임산부를 보는 꿈

사업에 있어 생각지 않은 부수적 성과가 나타나게 되며, 자기가 임신하는 꿈이라면 사업성과나 저축이 예시된다.

● 임신한 남자를 보거나 자신(남성)이 임신한 꿈
목돈이 굴러 들어와 횡재를 하게 된다. 수입이 늘어나고 경제적으로 안정을 찾게 된다.

장군

● 장군이 말을 타고 집으로 들어오는 꿈
집안에 좋은 일이 생기거나 귀인이 찾아오게 되고, 사업적인 부분에서 조력자를 만나 일이 성공을 거두게 된다.

● 자신이 높은 장군이 된 꿈
사회적으로 성공을 거두게 되는 꿈으로 장군의 신분에 따라서 성공의 가치도 높아진다.

● 장군을 따라 다니는 꿈
좋은 조력자, 협력자를 만나고 그들의 도움을 받아 순

조롭게 일이 해결되는 꿈이다.

● 장군의 갑옷이 반짝이는 꿈
사회적으로 큰 성공을 거두는 꿈으로 승진, 당선, 합격, 소원 성취를 암시하는 꿈이다.

적군

● 아군이 적군으로부터 어렵게 승리를 얻는 꿈
어려웠던 일이 순조롭게 풀리고 원하던 목표를 이루게 되는 꿈이다.

● 자신이 적진을 점령하는 꿈
계획하던 일이나 소원 등이 성취될 길몽이다. 미혼이 이런 꿈을 꾸었다면 연적을 물리치고 사랑하는 사람과의 결혼에 성공하게 된다.

● 전투에서 적군을 사로잡는 꿈
좋은 정보나 기술을 습득하게 되는 꿈이다. 또한 범인을 잡게 된다.

조상

● 돌아가신 할아버지가 소를 몰고 밭일을 나가는 꿈
진행하고 있던 계획이나 사업에 좋은 조력자나 동업
자가 생기게 되고 새로운 일거리를 얻게 되는 꿈이다.

● 돌아가신 할아버지가 농기구를 챙기며 밭 갈러 가는
것을 보는 꿈
아버지나 집안의 가장이 사업가인 경우 논과 밭이 기
름지게 갈아졌다면 사업이 순조롭게 이루어지게 된다.

● 돌아가신 할아버지가 어디서 암소 한 마리를 끌어다
안마당이나 외양간에 매는 꿈
머지않아 며느리나 가정부, 아내 등을 맞이하게 될 것
이다. 혹은 외부에서 재물을 들어올 수도 있다.

● 돌아가신 할아버지의 시신 앞에서 절을 하는 꿈
조상 대대의 유산이나 문중 재산을 상속받을 일이 생
길 것이다. 또는 계획하는 일이나 사업이 크게 성공하
여 막대한 부를 누리게 된다.

● 조상에게서 숟가락을 받는 꿈
재산을 상속받을 일이 생긴다.

● 높은 관직에 있었던 조상이 집 안으로 들어오는 꿈
집안이 크게 일어나거나 관직에 나가게 된다.

● 죽은 조상이 평상시처럼 나타나 불의의 사고를 당해
또다시 죽는 꿈
과거에 한번 성취되어 명성을 얻었던 일이 다시 성취
되어 기쁨을 누리게 된다.

죄수

● 자신이 죄수가 되어 재판을 받는 꿈
일, 작품, 성적 등의 판정을 받을 일이 생긴다. 꿈에서
사형언도를 받으면 계획하고 소망하던 일이 성취된다.

● 죄수복을 벗고 비단옷으로 갈아입는 꿈
복잡한 문제나 잡념에서 벗어나 새로운 전환점을 맞
게 되는 꿈으로 입신출세, 밝은 희망, 행운이 찾아올
것을 암시한다.

주교 · 신부

● 여러 사람들과 모여 있는데 추기경님이나 주교님이
그 많은 사람 가운데서 유독 자신을 알아보며 다가와
손을 잡아주고 축복의 말을 해주는 꿈
직장을 옮기거나 새로운 일에 착수하게 될
징조다. 어떤 변화이든 간에 자신에게 이
득이 되는 방향의 변화이므로 좋은 꿈이다.

● 신부님이 일을 도와주는 꿈
어렵던 사업이나 문제가 신의 도움으로 척척 해결되
고 사업이 날로 번창하는 꿈이다.

죽은 사람

● 고인이 된 친구 부모에게 절을 하는 꿈
직장 상사에게 부탁할 일이 생기거나 칭찬, 선물 등을
받게 될 일이 있다.

● 누군지 모르는 사람이 죽은 상황에서 자신이 우는 꿈
사업이나 추진하고 있는 일에 성과가 있을 것이다. 또

는 많은 사람에게 광고가 되어 돈과 명예를 얻게 되고 기뻐할 일이 생긴다.

● 죽었다고 생각된 사람이 웃는 것을 보는 꿈
병에 걸려 있던 사람은 병이 낫게 되며, 어려운 상황에 처해 있던 사람은 어려운 상황을 벗어날 수 있게 된다.

● 죽었던 사람이 말을 하는 꿈
사업이나 추진하던·일이 크게 번창하게 될 것이다.

● 죽은 사람이 관 속에서 나오는 꿈
먼 곳에서 손님이 찾아올 것을 예시한다.

● 죽은 아내나 애인과 성교하는 꿈
그들이 상징하고 동일시할 수 있는 누군가와 계약을 맺거나 어려운 일에 대해서 협력을 하게 된다.

● 죽은 애인이 문밖에서 부르는 소리를 듣고 뛰어나갔으나 아무도 없었던 꿈
곧 청혼을 받겠다. 혹은 청탁을 받을 일이 생긴다.

직장 동료 · 상사

● 동료와 함께 서류를 처리하는 꿈

잘 풀리지 않던 곤란한 일들이 주변 사람들의 도움으로 쉽게 해결이 되며 앞으로 희망이 생기게 된다.

● 회사에서 다른 동료들은 다 승진되거나 월급이 올랐는데 자기만 빠져서 화가 났던 꿈

뜻밖의 횡재를 하거나 회사에서 능력을 인정받아 좋은 대우를 받게 될 것을 예시하는 꿈이다.

● 직장 상사가 자기에게 봉투를 건네주기에 서류인 줄 알고 들여다보니 돈이 들어 있는 꿈

직장에서 승진하게 되거나 특별대우를 받게 되고 사업을 하는 사람이라면 별 기대 없이 손을 댔던 분야에서 큰 성공을 보게 될 꿈이다.

창녀

● 창녀를 넘어뜨렸는데 피가 난 꿈

평소 소원하던 일이 이루어진다. 자신의 생각이나 주

장이 관철되고 공짜로 술을 얻어먹게 되는 꿈이다.

● 창녀와 어울려 노는 꿈
여러 사람을 만나게 되는 연회에 참석하거나 즐거운
술자리가 생기게 될 것을 암시한다.

천사

● 길을 잃고 헤매고 있을 때 갑자기 천사가 나타나 길
을 안내해주는 꿈
귀인이나 협력자가 나타나 도움을 주게 되며 모든 일
이 잘 풀려나가게 될 징조다. 직장에서는 윗사람의 신
임을 한 몸에 받게 되고 중요한 일을 맡아 능력을 발
휘하게 된다.

● 여러 천사들이 자신을 둘러싸고 있는 꿈
연예인이나 예능 계통에 종사하는 사람이 이런 꿈을
꾸었다면 폭발적인 인기를 누리게 된다. 보통사람의
경우에도 원만한 대인관계로 인해 덕을 보게 될 것이다.

● 천사가 와서 하느님이 부른다며 자신을 데려가는 꿈

관청이나 공무원으로 취직, 복직, 전직이 된다는 기쁜 소식을 접하게 될 것이다. 혹은 나라에서 주는 상을 받게 될 수도 있다. 그러나 병든 사람이나 나이 많은 노인들이 이런 꿈을 꾼다면 병이 중해지거나 죽음이 임박했음을 암시하는 것이다.

인물

● 천사가 하늘로 날아 올라가는 것을 본 꿈

인생의 전환기를 맞게 될 것을 암시한 꿈이다. 자기 앞에 지금까지와는 다른 새로운 삶이 펼쳐져 있다.

● 천사들이 나팔을 불고 북을 치며 허공에서 행진하는 것을 보는 꿈

관직에 나가거나 사람들로부터 우러러볼 수 있는 자리에 오를 것이다. 또는 전쟁이 끝나고 평화가 올 것을 암시하기도 한다.

학생

● 학생이 담장 위에 올라간 꿈

일반적으로 희소식을 상징하는 것으로 시험에서 합격을 하거나 취직을 하게 되는 꿈이다.

인
물

해골·유골

● 상대방이 누군가의 유골을 가져오는 것을 보는 꿈
작가가 이런 꿈을 꾸었다면 오랜
기간에 걸려 저술한 글이 출판되
거나 일반이라면 돈과 명예를 얻
을 수 있는 증서, 합격증, 상장 등을
받게 된다.

● 밭을 갈다 우연히 해골을 발견하는 꿈
예술가가 이런 꿈을 꾸면 그림이나 글의 작품 소재를
얻게 되고, 일반인이라면 돈의 가치가 높은 골동품 등
을 얻게 된다.

● 자기 집 거실에 해골이 널려 있는 꿈
집안이 크게 흥할 길몽이다. 금전적으로 풍요해지며
경사가 겹쳐서 집안에 즐거움이 넘칠 징조다.

화가

● 자신이 화가가 되는 꿈

계획하고 있는 일의 성공에 대한 자신의 소망을 상징하는 것으로 좋은 작품을 그리게 되는 경우 사업상에 큰 성과를 거두게 된다. 또한 현실에 만족하지 못하는 자아를 나타내기도 하므로 좋은 변화를 기대할 수 있다.

● 화가와 이야기하는 꿈
사업이나 계획에 좋은 정보나 조력자를 만나 어렵던 일이 순조롭게 풀리는 꿈이다.

환자

● 환자가 돼지 뒷다리를 잡고 하늘로 날아올라간 꿈
병을 앓고 있는 환자가 병세가 점점 호전되어 쾌차하게 될 징조다.

아들태몽 1

* 감자, 무를 본 꿈
* 강이나 냇가에서 큰 잉어 한 마리를 잡아서 치마폭이나 그릇에 담아오는 꿈
* 글을 열심히 읽는 꿈
* 금반지가 커다란 금덩어리로 변한 꿈
* 금으로 된 술잔이나 그릇에 관한 꿈
* 금이나 옥으로 만든 빗을 얻는 꿈
* 금이나 은으로 된 촛대를 선물 받는 꿈
* 꿈에 우박이 쏟아지는 꿈
* 날씨가 청명하게 개인 꿈
* 노송 밑에 동물이 있는 꿈
* 누군가에게 거울을 주는 꿈
* 도둑에게 물건을 잃는 꿈

제2장

신체

가슴

● **어머니의 가슴을 만지면서 행복해하는 꿈**
사업이나 추진 중인 일에 만족감을 느낄 만큼 일이 순
조롭다. 또한 신체적으로 건강하고 하는 일에 있어 행
운이 찾아오게 된다.

● **여성의 유방이 유난히 커 보이는 꿈**
떨어져 살고 있는 형제간에 소식이 있거나 만날 일이
있겠다.

귀

● **귓속으로 곡식이 들어간 꿈**
사업이나 추진하던 일로 인해 큰 이익을 보게 될 것이다.

● **귓속에 기다란 털이 난 꿈**
오랫동안 기다리던 좋은 소식이 들려와 사람들에게
자랑할 일이 있겠다.

● **귓속에 쌀이 가득 차 있던 꿈**

재물이 들어올 암시다. 가정적으로도 풍요와 번영을 누리게 된다.

● 상대의 귀가 당나귀 귀처럼 커 보이는 꿈
귀한 사람을 만날 것이다. 또한 그 사람은 당신의 의견에 순종하며 당신에게 도움을 줄 것이다.

● 선물을 받아서 포장을 뜯었더니 그 안에 사람의 귀가 들어 있던 꿈
행운이 찾아올 징조다. 추구하는 일이 성공하여 큰 재물을 얻고 명예도 얻게 된다.

● 자기 귀가 여러 개였던 꿈
견문이 넓어지고 학식이 높아지게 되며 현명한 친구나 동료들이 많이 생길 꿈이다.

● 자신의 귀가 크고 아름다워 보이는 꿈
취직이나 승진을 하게 되고, 이로 인해 재물이 들어온다. 또한 건강과 장수를 예시하는 길몽이다.

눈

● 거울을 보았는데 자기 눈이 반짝이며 빛을 발하고
있었던 꿈

현재 자신감에 차 있으며 사업에 있어서도 일이 잘 풀
릴 징조다. 명확한 판단과 결단력으로 일을 성공으로
이끌게 되며 모든 운세가 상승세를 타게 될 징조다.

눈물

● 눈물이 하염없이 흘러내려 옷깃을 흠뻑 적시는 꿈

크지는 않지만 잔잔한 기쁨이 오랫동안 계속될 것이며,
그 기쁨은 남편이나 아내와 함께 나눌 수 있을 것이다.

● 눈물이 흘러 강과 바다가 되는 꿈

지금까지 마음먹었던 일들이 시원하게 풀린다. 재물,
돈, 연구, 문예창작, 수도, 기원 등에 있어서 길하다.

● 소리 내어 울면서 눈물이 떨어지는 꿈

추진 중인 일이나 사업, 소원 등이 크게 이루어질 것
을 예시하는 좋은 꿈이다. 또한 크게 기뻐할 일이 생

겨 널리 소문나며, 많은 사람들에게 감명을 주게 될
것이다.

● 죄를 뉘우치고 눈물을 흘린 꿈
자신이 이룩한 업적이나 사업, 행적 등에서 좋은 반응
을 얻게 될 것이다.

눈썹

● 거울로 자기 속눈썹이 진하고 길게 난 것을 본 꿈
환자가 건강을 회복하게 된다. 건
강한 사람이라면 현재 건강하다
는 의미이며 무병장수를 누리게
된다.

● 거울을 보았더니 머리카락은 까만데 눈썹만 하얗게
세어 있었던 꿈
명망이 높아져 많은 사람들로부터 존경을 받게 되고
사회적으로도 대접을 받게 된다.

● 자기 사진을 보면서 스스로 눈썹이 잘생겼다고 생각하

거나 다른 사람이 자기 눈썹을 보고 잘생겼다고 칭찬하
는 꿈

지위가 높아지고 사람들로부터 존경을 받게 된다. 자
기를 따르는 사람들이 많이 생기게 되며 따라서 영향
력 있는 인물로 권력을 행사하게 된다.

● 자신의 눈썹이 머리카락처럼 길게 자란 꿈

좋든 싫든 금전적으로 크게 이익을 얻게 되는 꿈이다.

다리

● 건강미 넘치는 튼튼한 다리에 번쩍거리는 부츠를 신
고 있는 꿈

강한 의욕과 자신감에 넘쳐 있으며 그 의욕을 뒷받침
해줄 안정되고 든든한 기반도 마련되어 있는 셈이다.
한마디로 시운을 탔으므로 성공하게 될 것이다.

● 미니스커트를 입고 지나가는 아가씨의 날씬한 다리
를 본 꿈

마음에 드는 애인을 만나 행복해질 것이다.

● 자신의 다리가 잘려나가 피가 흐르는 꿈

횡재를 하거나 재물이 쌓이게 될 좋은 꿈이다. 혹은 명예, 이권, 권리 등을 얻게 된다.

대소변

● 대변을 먹는 꿈

꿈속에서의 대변은 돈의 상징이므로 그만큼 실속 있는 이득을 보게 된다는 의미이다. 한 푼도 흘러 나가지 않고 알차게 재산을 모을 수 있게 된다.

● 대변을 몸이나 옷에 바르거나 문지르는 꿈

금전적인 이득이 생기고 귀인을 만나며 원하는 사랑을 얻게 된다. 만일 여성이라면 사회적으로 성공한 신랑감을 만나게 된다.

● 대변을 밟거나 손에 묻은 꿈

재물을 얻고 행운이 찾아올 길몽이다. 장사하는 사람이 아이의 변을 손으로 만지면 장사가 잘되는 일도 있다.

● 대소변이 물결치듯 철썩 하고 자기를 덮치는 꿈

그야말로 '돈벼락' 수준의 재물을 얻게 되며 높은 자리에 올라 지위도 높아지는 길몽 중의 길몽이다.

신
체

● 대소변을 퍼다 논밭에 거름으로 뿌리는 꿈
증권 투자나 사업상 투자에서 많은 이득과 이권을 챙길 것을 예시한 것이다. 남의 집 변소에서 대소변을 퍼다 자기 집 논밭에 뿌렸다면 사업 거래에서 유리한 입장에 놓이게 되고 많은 이득을 취하게 될 징조다.

● 똥통이나 대변을 집으로 가지고 들어오는 꿈
목돈이 들어오거나 큰돈을 움직일 기회가 온다.

● 변기에 대변이나 소변이 가득 차서 흘러넘치는 꿈
큰돈이 들어올 암시다. 또 한편으론 마음속의 분노나 불만이 가득 차 있다는 것을 나타내는 것일 수도 있다.

● 물이 흐르는 곳에 소변을 보는 꿈
신문사나 잡지사 등 지상에 소설이나 논문, 그 외의 창작물을 발표하게 된다.

● 물이나 음료수인 줄 알고 마셨는데 알고 보니 소변

이었던 꿈

생시에서 보약을 마신 것에 다름없다. 중환자의 경우엔 건강이 빠르게 회복될 것이다.

● 산처럼 쌓여 있는 대변더미를 삽 등의 연장으로 뒤적거리는 꿈

큰 횡재수가 있거나 생각지 않던 재물을 쌓게 된다. 또는 사업이나 추진 중인 일이 크게 성공하여 재물과 명예를 얻게 된다.

● 소변을 보는데 소변 줄기가 모여 큰 내를 이루는 꿈

큰 작가가 되어 사람들에게 큰 감명을 주게 되거나 사회에 큰 도움이 되는 사회사업을 하게 될 것이다.

● 소변을 보는데 오줌줄기가 세차며 '쏴' 하는 소리가 나는 꿈

소원이 이루어지고 기쁜 일이 있을 것을 암시한다. 또한 소리가 '쏴' 하고 들리니 여러 사람들에게 소문이나 감동을 주게 될 일이 있을 것이다.

땀

● 손바닥 안에 난 땀이 뜨거운 꿈
강력한 힘이 솟아나고, 하는 일마다 박력 있게 처리하
게 된다.

● 다른 사람이 땀을 흘리는 것을 보는 꿈
당신에게 유리한 어떤 일이 있을 것임을 암시한다.

● 흐르는 땀을 말끔히 닦아내는 꿈
새로운 환경에 놓이게 되어 새롭게 일을 기획할 수 있
게 되고 다시 예전의 기력과 재력을 회복하게 된다.

머리

● 누군가의 뒤통수를 보는 꿈
상대방이 자신의 의사를 잘 따르게 됨을 의미한다.

● 누군가의 머리를 칼로 잘랐더니 그 머리가 자기를
쫓아오는 꿈
추진하는 일이 좋은 성과를 거둘 때 중요한 공로가 자

기에게 돌아오게 되는 것을 의미한다.

● 머리가 아프거나 어지러워 이마를 짚고 있는 꿈
자신의 아이디어나 능력을 발휘해 큰 성취를 이룰 것
을 예시한 꿈이다.

● 목이 잘려져서 몸통에서 떨어져 나온 머리를 보거나
만지는 꿈
오랫동안 골치였던 문제가 해
결되고 주변 도움으로 뜻밖
의 행운을 잡게 된다. 기쁜
일이 이중으로 겹친다.

● 자신의 머리가 용이나 사자, 범의 머리로 변하는 꿈
고급 관리나 장성, 단체나 집단의 우두머리가 된다.

● 잘린 머리나 동물의 머리에서 피가 흐르는 것을 보
는 꿈
추진하던 일이나 사업이 성취되어 막대한 재산을 얻
게 된다.

머리카락

● 이마부터 대머리가 되어 환희 트인 꿈

여러 가지 어려움과 시련을 딛고 일어나서 크게 성공하고 큰 재벌이 되는 꿈이다.

● 깨끗한 물에 머리를 감고 옮겨 앉는 꿈

그동안의 근심, 걱정이 사라지고 질병이 깨끗이 낫게될 것이다.

● 머리를 곱게 빗는 꿈

지금까지의 근심 걱정이 사라지고 사업이나 추진하던일이 잘 진행되어 번창하게 될 것을 예시한다.

● 머리를 빗을 때 비듬이나 이 등이 많이 나오는 꿈

근심 걱정이 해소되거나 잘 풀리지 않던 어떤 일이 일시에 풀리게 되어 정신적으로도 안정을 되찾게 된다.

● 뱃속에 뭔가 들어 있는 것 같아 잡아당기니 머리털이 길게 따라 나와 뽑아버리는 꿈

집을 나가 있는 자식이나 가족 중 한 사람이 생각보다

빨리 돌아오게 된다. 혹은 소식을 모르던 집 나간 자식이 돌아오게 될 것이다.

● 세수를 하는데 머리에서 모래가 우수수 쏟아져 깜짝 놀라 보니 세숫대야에 사금(沙金)이 가득한 것을 본 꿈
어떤 소원이 충족되고 신분이 새로워지며 돋보이게 된다. 또한 어떤 단체나 조직, 기관 등에서 장이나 우두머리의 자리에 앉게 되어 그때까지의 어려움이 해소되고 권리나 이권, 명예 등을 획득하게 된다.

● 원래 흰 머리의 사람이 검은 머리가 되어 있는 것을 보는 꿈
머지않아 부와 명예를 얻게 될 좋은 꿈이다. 혹은 자신이 계획하는 일이나 사업이 순조롭게 풀리고 몸과 마음이 모두 편안해진다.

● 자기 머리카락이 흑단처럼 새카맣고 윤기가 흐르는 꿈
새카맣고 윤기 있는 머리카락은 건강과 에너지를 의미한다. 무병장수를 누리게 된다.

신
체

● 누군가의 목을 얻는 꿈
오랫동안 골치를 썩여왔던 일이 해결되거나 주변의
도움으로 뜻밖의 행운을 잡게 될 것이다.

● 모르고 있었는데 문득 자신의 목이 잘려나가고 없는
것을 알게 된 꿈
그동안의 고민이 해소되어 사태가 호전될 것이다.

● 목 하나에 머리가 여러 개 달린 것을 보는 꿈
장차 크게 출세하여 성공할 것이다.

● 목매달고 죽은 사람을 보는 꿈
상황의 반전이 와서 운세가 호전된다. 행운이 찾아올
조짐이다.

● 목이 대단히 굵어져 있는 꿈
업무상의 일에 있어서 권위를 가지게 되며 운세의 호
전을 나타낸다. 건강에서도 양호하다는 것을 알려준다.

● 누군가의 목에 목마를 타는 꿈
여러 사람의 추대를 받아 높은 지위에 오르게 된다.

● 자신이 동물의 목을 잡는 꿈
입학시험, 고시, 승진 시험, 취직 시험 등에 우수한 성적으로 합격하게 될 것을 예시한다.

몸 · 몸집

● 몸에 혹이 생기는 꿈
재물과 관련하여 크게 이득이 생기며 사업이 번창하여 성공을 거두는 꿈이다.

● 어깨가 튼튼하고 단단한 몸집을 갖게 된 꿈
탄탄한 기반 위에 운이 트이고 행운이 찾아올 꿈이다.

● 온몸에 지저분하게 고름이 흘러 사람 앞에 나설 수 없었던 꿈
귀인의 도움을 받게 되거나 큰 재물이 들어오고 명예를 얻게 될 암시다.

무릎

● 다쳤던 무릎이 나아 자유롭게 걷는 꿈
잘 풀리지 않던 사업이나 일이 차츰 번성하게 될 것이다.

● 호랑이나 사자가 자신 앞에 무릎을 꿇고 있는 꿈
자신에게 권력을 행사하는 사람을 굴복시킬 수 있다.

발

● 공을 힘껏 차는 자기 발이 엄청나게 컸던 꿈
어마어마한 성공을 거두게 될 징조다. 결정적인 순간
에 자신의 능력을 인정받아 큰 이익을 얻게 된다.

● 모래사장에 자신의 발자국을 남기는 꿈
사업적인 측면에서나 관공서에 자신의 행적을 남기는
것을 암시한다.

● 신발을 신지 않고 대신 발에 흰 붕대
를 단단히 감고 나서는 꿈
어려운 역경을 잘 헤쳐나가 결국은 크게

성공을 하게 될 징조의 꿈이다.

● 외출하려는데 발이 엄청나게 커져 있어서 하는 수 없이 큰 신발을 신고 나간 꿈
길몽이다. 큰 집으로 이사하게 되거나 큰 회사로 옮기게 된다. 직장을 옮기지 않더라도 승진하여 더욱 폭넓게 능력을 발휘하게 된다.

● 우물물을 떠서 발을 씻은 꿈
가슴속에 쌓아두었던 근심이 해결되는 것을 암시하는 길몽이다.

생리

● 생리가 묻어 나온 것을 보는 꿈
계약이 체결되고, 생리가 소변같이 많이 나오면 소원이 크게 충족된다.

● 생리가 걸레에 묻은 것을 보는 꿈
사업상 계약이 체결되는 꿈이다. 계약 체결로 인해 이득을 얻게 될 징조다.

성기

● 남성의 경우, 사우나에서 자신의 성기가 다른 사람들 것보다 대단히 커서 스스로 자신만만해하고, 그것을 다른 사람들이 놀라서 쳐다보는 꿈

모든 일에 자신감이 넘치고 능력을 발휘할 기회가 다가와 있다. 사회적으로 능력을 인정받고 큰일을 이루게 된다.

● 남자가 여성의 성기를 달고 있는 것을 보는 꿈

함께 사업이나 일을 도모하려는 상대가 믿을 만하고 훌륭한 사람임을 암시하는 꿈이다.

손·손목

● 금시계나 고급 시계를 손목에 찬 꿈

좋은 배우자나 상대를 만나게 되는 꿈으로 직장에서는 좋은 동료를 만나고 입학, 당선 등의 행운이 따른다.

● 끓는 물에 손을 씻는 꿈

지금까지의 고민거리나 근심이 사라지게 된다. 또한

병을 앓아왔던 사람이라면 병이 낫게 된다.

● 노란 호박 팔찌를 손목에 차는 꿈
부귀, 영화, 재물, 횡재, 건강 등을 상징하는 길몽이다.

신체

● 누군가와 손을 맞잡고 걷는 꿈
어떤 일이나 직업, 결혼 등이 잘 추진된다.

● 상대방의 손을 자신의 손 안에 포개 잡는 꿈
의형제나 제자, 연인 등의 협조를 얻게 된다.

● 손과 발에서 피고름이 나는 꿈
하고 있는 일이 번창할 징조다.

● 손이나 발에 화상을 입는 꿈
새로운 인연을 맺게 되거나 계약할 일이 생긴다.

● 손톱이 길어진 꿈
손톱이 길어지거나 길어져 있는 꿈은 이익을 얻게 될
꿈이다. 그러나 지나치게 길어서 불편했다면 지나친
욕심으로 인해 큰 것을 잃게 될 징조다.

● 자기 손이 귀공자처럼 고운 손이어서 다른 사람들이
감탄한 꿈

남성이면 실제로도 고생을 모르고 살게 될 것을 예시하
는 것이다. 여성의 경우에는 이성에 눈을 떴다는 의미.

● 자기의 손을 누군가 잡아끌어 올려주는 꿈

상대방의 도움을 크게 입어 곤란한 일을 모면하게 된다.

● 자신의 손가락이 새로 나왔다고 생각하는 꿈

새로운 친구를 사귀게 되거나 협력자 등을 구하게 된
다. 혹은 새로운 사업을 구상하게 될 것이다.

● 자신이 누군가에게 손을 흔들고 있었던 꿈

헤어진 사람이나 멀리 떨어져 있던 사람과 다시 만나
게 될 것을 예시하는 꿈이다.

수염

● 거울을 보았는데 자기 얼굴에 길고 멋진 수염이 나
있어서 흡족했던 꿈

부귀영화를 가져오게 될 길몽이다. 지위가 향상되고

재물이 들어오며 명망이 높아진다.

심장

● 괴기영화에서처럼 사람의 심장으로 만든 요리를 맛
있게 먹고 있는 꿈
사랑의 열병에 빠지게 될 암시이며, 그 사랑이 결실을
이루게 될 암시다. 기회를 보고 있었다면 지금 프러포
즈하는 것이 좋다.

● 심장이 터질 듯이 뛰어 진정시키려고 애쓴 꿈
미혼인 사람이 이런 꿈을 꾸었다면 곧 사랑의 열병을
앓게 될 예시이다. 사랑에 관계된 일이 아니라 하더라
도 실제로 가슴 두근거릴 만큼 좋은 일이 생기거나 아
니면 깜짝 놀랄 일이 일어날 가능성이 높다.

알몸

● 공중목욕탕에서 자기 옷이 몽땅 없어져서 완전히 알
몸으로 집에 돌아가게 된 꿈
바라던 일이 이루어지고 좋은 일이 생길 징조다.

● 벌거벗은 자신의 몸에 스스로 매혹되는 꿈

직위가 돋보이게 되고 배우자나 형제 등에 의해 신분
이 귀해진다.

● 알몸인 채로 있는데 누가 들어오는 것 같아 당황한 꿈

행운이나 재물이 예상된다. 그러
나 때로는 망신이나 수치스러운
일을 당할 것에 대한 예시로 나타나
기도 한다.

● 알몸으로 수영장에서 수영을 하는 꿈

직장이나 사업에서 타인의 간섭을 받지 않고 자신의
계획대로 진행하게 되는 꿈이다.

어깨

● 어깨에 두른 수건이 손까지 흘러내려져 있는 꿈

자신의 직업이 많은 사람으로부터 인정을 받게 될 징조.

● 자신의 어깨에 날개가 생기는 꿈

어떤 일이나 사업이 크게 번성하거나 관직에 나가 크

게 출세하게 될 것이다. 직장인이라면 승승장구 승진
하여 높은 지위에까지 오르게 된다.

● 자신의 어깨가 넓어지는 꿈
막혔던 일이나 사업이 순조롭게 풀리게 되고, 좋은 인
연의 사람을 만나게 될 것을 암시하는 꿈이다.

얼굴

● 거울 속에 비춰 본 자기의 얼굴이 젊고 예뻐 보이는 꿈
젊고 예쁜 여자나 남자가 당신을 찾아올 것이다. 만약
거울 속에 비춰 본 당신이 늙어 보였다면 점잖은 사람
이나 학식이 많은 사람이 찾아오게 된다.

● 깨끗하게 세수를 한 꿈
직장인이라면 기다리던 승진의 소식을 듣게 되거나
그동안의 걱정거리가 말끔히 씻겨 나간다.

● 얼굴에 뭔가가 묻어 씻어내는 꿈
근심 걱정이 사라진다. 만약 얼굴에 아무것도 묻지 않
았는데도 얼굴을 씻는다면 신분이 새로워질 것을 암

시하는 것이다.

● 얼굴을 붕대로 칭칭 감는 꿈
누군가의 도움으로 자신의 신분이나 위치에 대해 보호를 받으며 안정감을 얻게 될 것이다.

이마

● 이마의 양끝에 뿔이 솟아나는 꿈
입신양명하거나 승진, 성공을 거두게 되는 길몽이다.

● 자기 이마가 평소보다 넓게 보이고 번들거리며 빛이
나는 꿈
대단히 재수가 좋은 꿈이다. 이름을 떨치고 권력과 재물을 동시에 얻게 된다.

입

● 입 안에서 벌레가 기어 나와 뱉어버리는 꿈
집안에 우환이나 근심거리가 없어지게 되어 행복해질
것이다.

● 자신의 입이 유난히 커 보이는 꿈
취직을 하게 되거나 직장인들은 승진의 기회가 온다.
사업하는 사람은 사업이 번창하여 재산을 쌓게 된다.

치아

● 거울을 보았는데 자기 치아가 하얗게 반짝였던 꿈
고른 치열과 하얗고 튼튼해 보이는 이는 건강, 성공,
행복 등을 상징하므로 좋은 꿈이다.

● 빠진 이 대신 의치를 해 넣는 꿈
의형제나 자신의 협조자, 훌륭한 인재 등을 얻게 된다.

● 잇몸이 간지럽기에 만져보니 새 이가 솟아 나와 있
었던 꿈
새로운 출발에 대한 암시다. 그동안 위축되었던 모든
상황들이 풀리게 되고 생동감을 가지고 시작할 수 있
는 기회가 온다.

● 낯선 사람이 뱉은 침이 자기에게 묻은 꿈

뜻하지 않은 재물이 들어오게 되고 가정과 사업에 활
기가 넘칠 징조다.

코

● 자신의 코가 크고 멋있어서 스스로 만족해한 꿈

바야흐로 세력을 거머쥘 때가 되었다는 암시다. 자신
의 입지가 넓어지며 사람과 재물을 동시에 얻게 된다.

● 코에 뭔가 들어간 것같이 갑갑해서 재채기를 한 꿈

일시에 모든 문제들이 시원하게 해결되며 막혔던 것
이 탁 터지듯 운세가 트이게 된다.

● 코에서 콧물이 흐르는 꿈

금전적으로 이득을 얻거나 풍요로워지는 것을 상징한
다. 사업이 번창하거나 외부와 교류가 잦아져서 큰 재
물을 얻게 되는 꿈이다.

코피

● 상대방이 코피가 난 것을 보게 되는 꿈

꿈에 나타난 사람이 성공을 거둬 금전적으로 재물을 얻거나 심리적인 안정을 경험하게 되는 꿈이다.

● 코피가 난 꿈

행운이 찾아들게 되며 재물을 얻게 된다.

털

● 가슴에 시커먼 털이 잔뜩 나 있는 꿈

남성이 이런 꿈을 꾸었다면 한마디로 건강과 명예, 이득을 얻을 꿈으로 길몽이다.

● 손등에 털이 곱게 나 있는 꿈

새로운 일을 시작하거나 계획이 순조롭게 진행되어 재물을 얻게 되는 길몽으로 작품 창작, 기술 습득, 요리 등을 상징한다.

● 온몸에 털이 수북하게 나 있었던 꿈

마치 짐승처럼 온몸이 털로 뒤덮여 있는 꿈은 자신의
지위가 높아져 우두머리가 될 것을 암시한 꿈이다. 많
은 사람들로부터 존경과 대접을 받게 된다.

신
체

● 입 안이나 혀에 털이 부숭부숭 나 있었던 꿈
집안에 경사가 생기거나 부유해질 징조.

● 팔뚝이 시커먼 털로 뒤덮여 있는 꿈
재수가 좋은 꿈이다. 재산이 늘어나게 된다.

팔

● 누군가 자기의 물건을 훔치려고 하여 상대의 팔과
손목을 잘라버리는 꿈
당신의 라이벌이나 경쟁관계에 있는 기업의 세력을
꺾고 이길 것을 암시하는 꿈이다. 혹은 당신을 위해
하려는 어떤 세력을 물리치게 될 것이다.

● 여러 개의 팔이 달린 사람을 본 꿈
위치가 높거나 부하를 많이 거느린 인물을 만나게 되
는 징조다.

● 자기 팔이 유달리 굵고 근육이 드러나 튼튼해 보인 꿈
가족, 특히 형제들에게 좋은 일이 생기거나 자신의 일
에 있어서도 성공을 거두게 될 징조다.

● 팔뚝이 점점 커지는 꿈
새로운 일을 시작하게 되거나 일과 관련하여 승진이
나 변동이 생기게 되고, 많은 사람을 부리게 될 좋은
징조.

피

● 가래를 뱉거나 기침을 하는데 피가 섞여 나오는 꿈
오랫동안 바라던 소원이 이루어지거나 고질화된 문제
나 숙원 등이 해소되겠다.

● 검붉은 피가 옷에 묻는 꿈
누군가로부터 사상적 감화를 받거나 재물을 얻게 될
것을 예시한다.

● 누군가를 칼로 찌른 후 거기서 나오는 피를 보고 만
족을 느끼는 꿈

사업이나 일을 성취시키고 그 일로 인해 큰돈을 벌거
나 세상에 떠들썩하게 소문이 나서 기뻐할 일이 있을
것이다.

● 동물의 목을 자르자 피가 솟는 꿈
사업 또는 어떤 일, 작품이 성취되어 재물이 생기거나
큰 감동을 주게 된다.

● 무덤에서 피가 흐르는 것을 보는 꿈
협조 기관, 금융 기관, 지원자 등에게 많은 돈을 얻어
쓸 수 있게 된다.

● 뱃속에 피가 고여 불룩해지는 꿈
막대한 재물을 축적하게 된다.

● 생리혈이 옷에 비칠까 봐 안절부절 못했던 꿈
행운이 찾아올 꿈이다. 수험생이나 취직, 승진, 자격
시험 등을 앞둔 사람들이 이런 꿈을 꾸면 아슬아슬하
게 합격하는 행운을 안게 된다.

● 예수나 석가모니 등 신적인 존재의 피를 마시는 꿈

어떤 훌륭한 지도자의 가르침을 받아
진리를 깨우치게 될 것을 예시하는
꿈이다.

● 온몸에 피딱지나 긁어서 생긴 부스럼딱지로 가득
덮여 있었던 꿈

운세가 호전될 암시로 나타난다. 특히 딱지는 상처가
아물면서 생기는 것이기 때문에 재물운이 상승한다.

＊ 마구간에 가서 말에게 먹이를 주는 꿈
＊ 명산대찰에서 참배하는 꿈
＊ 밝은 태양을 보는 꿈
＊ 봉황의 새끼 한 쌍을 잡아서 집으로 가져오는 꿈
＊ 부처님을 본 꿈
＊ 불덩이가 치마폭이나 뱃속으로 들어오는 꿈
＊ 붕어 한 마리를 잡아서 두 팔로 안고 오는 꿈
＊ 뽕나무 열매나 대추를 먹는 꿈
＊ 상가에 가서 조문하는 꿈
＊ 새 종류가 자신의 품안으로 날아드는 꿈

제3장

물건

가구

● **가구나 집 안에 페인트를 칠하는 꿈**
지금까지 해오던 사업이나 일거리를 바꾸게
되거나 문패나 간판을 바꾸는 등 변화가
생길 것이다.

● **새 가구를 집 안에 들여놓는 꿈**
재산이 늘어나고 집안이 번성하며 좋은 사람을 만나
게 될 행운의 징조다.

가방

● **가방 속에 물건이 꽉 차 있는 꿈**
가방 속에 꽉 차 있는 것이 돈이라면 필요한 사업 자
금이나 집을 살 돈이 마련될 것이다. 문서가 꽉 차 있
었다면 사업 계획이나 추진하는 어떤 일 등의 기반이
충실해질 것이다. 또 값진 물건으로 채워져 있었다면
큰 재물이 생길 것을 암시하는 꿈이다.

● **우체부가 가방을 메고 오는데 그것이 열려 있는 꿈**

누군가로부터 계속해서 편지나 소식이 올 것이다.

● 자기의 핸드백이 열려진 채 돈이나 문서가 없어진 꿈
주위에 있는 누군가가 당신의 근심 걱정거리를 해소
시켜주게 될 것을 암시하는 꿈이다. 혹은 근심 걱정거
리를 해소시킬 어떤 방법이 생길 것이다.

거울

● 누군가에게 거울을 받는 꿈
애인이나 결혼 상대를 만날 수 있겠다. 또 사업이나
추진하는 일에 대해 어떤 좋은 방법이 생길 것이다.
혹은 승진을 하거나 신분이 높아지기도 한다.

● 반짝반짝 빛나고 화려한 거울을 보는 꿈
밝은 미래가 펼쳐질 것을 예시하는 꿈이다. 문제가 있
었다면 그 해결 방법이 분명하게 나타난다. 미혼의 남
성이 이런 꿈을 꾸었다면 총명한 아내를 얻게 된다.

● 화려한 옷을 입고 거울을 보는 꿈
집에 귀한 손님이 찾아올 징조다. 혹은 가족 중 한 사

람에게 좋은 후원자나 사업 파트너, 협조자 등이 생기게 된다.

고기

● **고깃국을 먹는 꿈**
일을 해도 좀 더 수준 높은 일이나 고급에 속하는 일을 하게 될 것이다. 예를 들면, 육체적인 일보다는 사무직이나 연구직, 혹은 정신적인 창작물 같은 일을 하거나 경험할 기회를 얻게 된다.

● **국물은 없고 고기만 많은 국을 먹는 꿈**
자기가 할 일이 아직 많이 남아 있고, 그 일은 좋은 일이 될 것이다.

과자 · 사탕

● **과자나 사탕을 잔뜩 먹는 꿈**
성욕이나 명예욕이 충족될 것이다. 혹은 자선사업이나 선행을 하게 될 것이다.

● 과자를 받는 꿈
누군가로부터 구애를 받게 된다.

● 여러 종류의 과자가 그릇에 가득 담겨 있던 꿈
사업상에 좋은 호기가 오거나 새로운 좋은 일을 맡게
되고 진행 중인 혼담이 이루어질 것을 암시한다.

관

● 관 속에 담긴 시체가 자신의 집 마당이나 정원에 놓
여 있는 것을 보는 꿈
그동안 꼬였던 일이 풀리고, 사업상으로 어려웠던 일
이 성사되어 명예를 얻는다. 또 막대한 재물을 얻게
된다.

● 관 속에서 예쁜 꽃이 피어나는 꿈
사업에서 성공을 거두고 부귀공명을
얻거나 훌륭한 업적을 이뤄 상이나
훈장을 받게 된다. 예술가는 좋은
작품을 창작해 세상으로부터
주목을 받는 꿈이다.

● 무덤 속에서 관이 저절로 나오는 꿈
큰 이익을 얻게 되는 길몽이다.

관복

● 붉은 관복을 입는 꿈
신분이 고귀해지고 어떤 열정적인 일을 하게 될 것이
다. 붉은 장식을 하는 것도 같은 맥락에서 해석될 수
있다.

● 활옷이나 관복을 입는 꿈
신분이 고귀해지고 명예와 권세가 주어질 것이다. 미
혼 여성은 남편감을 얻게 될 것이고, 남성은 사업 파
트너나 좋은 동료를 만나게 될 것이다.

● 황금색 용무늬로 된 관복을 입는 꿈
사회 지도자가 되어 높은 신분으로 출세하게 되는 꿈
으로 승진이나 합격, 당선 등의 길몽으로 해석된다.

구슬

물
건

● 광채 나는 구슬이 바람에 날려 집으로 휘몰아쳐 들어와 정신없이 주워 담는 꿈

큰 횡재수가 있거나 손쉽게 재물을 쌓게 될 것을 예시하고 있다.

● 거북이가 옥구슬을 토해내는 꿈

큰 복이 저절로 굴러 들어오는 꿈으로 행복과 부귀를 얻게 된다. 재물, 돈, 생산 등의 길몽이다.

● 귀한 구슬을 물고 있는 봉황새를 보는 꿈

언론이나 종교, 학식과 관련하여 명예를 얻고 출세하게 되는 길몽이다.

● 영롱한 옥구슬이 하늘에서 반짝이는 꿈

사회 · 경제적으로 거듭 발전하여 부흥하게 된다.

● 반짝이는 구슬을 가지고 노는 꿈

생각지 않던 곳에서 재물을 얻게 된다. 복권 당첨 등의 일로 실현된 경우도 있다.

● 명태알 속에서 파란 옥구슬이 나온 꿈

지금껏 해오던 일이 좋은 성과를 얻게 되고 크게 성공을 거두게 되는 것을 암시한다.

군복

물건

● 군복에 쓴 자기의 이름을 보는 꿈
진급, 승진 대상자가 되는 꿈이다.

● 군복을 벗는 꿈
군인인 사람이 이런 꿈을 꾸면 머지않아 휴가를 얻게 되거나 제대할 것을 나타내는 것이다.

● 자신이 군복을 입고 무장을 한 꿈
일반인이 이런 꿈을 꾸면 사업 파트너나 일에 대한 권한, 방법 등이 생기는 것을 암시거나 자신의 작품이나 업적이 평가를 받을 수도 있다. 또는 현재 자신이 속한 조직이나 단체의 리더가 되거나 다른 사람을 호령하게 되는 꿈이다.

굴건

● 웃어른이 죽어 있는 앞에서 혼자만 굴건에 상복을
입고 있는 꿈
부모로부터 유산을 상속받거나 관직에 오르는 꿈이나
실제로 죽음을 암시하는 경우도 있다.

● 상제가 되어 굴건과 상복에 상장 지팡이를 짚는 꿈
사업에 계획이 순조롭게 진행되어 크게 성공을 거두
어 재물을 얻거나 유산을 상속받게 되는 꿈이다.

귀걸이

● 귀걸이를 선물 받는 꿈
주변에서 인기를 한 몸에 받게 되고 원만한 대인관계
로 인해 행복을 누리게 된다.

● 귀걸이가 영롱한 꿈
자신이 속한 조직이나 직장에서 신분이 높아지고 부
귀영화를 누리게 되는 꿈이다. 재물, 돈, 경사 등의 행
운이 찾아오는 길몽이다.

● 토파즈 귀걸이를 하고 치장하는 꿈

건강상으로 좋은 상태를 유지하여 장수를 하게 되고 금전적으로 이득을 얻고 실속이 생기는 꿈이다.

● 냄비나 밥솥 등을 선물로 받는 꿈
뜻밖의 이득으로 집안 살림이 피게 될 것을 암시한다.

● 밥그릇을 얻어 가지는 꿈
장차 사업을 벌여 성공을 하게 될 것이다. 만약 그릇이 금붙이 같은 것이라면 직책이나 신분 등이 높아지게 될 것이다. 얻은 밥그릇의 수만큼 사업체나 사업 기반을 갖게 된다.

● 부엌이나 식당에 그릇이 높이 쌓여 있는 것을 본 꿈
벌여놓은 일이나 사업 등에서 성과를 볼 수 있게 된다.

● 은주전자를 얻어 가지는 꿈
신분이 고귀해지고 훌륭한 사업 기반을 가지게 된다.

그물

● 그물을 몸에 덮어쓰게 되는 꿈

사업이 성공을 거두어 안정한 수익을 얻게 되고 뜻밖의 재물이 들어오게 되는 꿈이다.

● 그물질을 해서 많은 물고기를 잡는 꿈

크게 힘들이지 않고 큰돈을 모을 수 있게 될 것이다. 그물이 크면 클수록 더 많은 돈을 모으게 될 것이다.

● 상어를 그물로 잡아 배에 싣는 꿈

사회적으로 명예나 성공을 거머쥐게 된다. 태몽인 경우 공직에 나가 크게 성공하는 아들을 얻게 되는 꿈이다.

금

● 금비녀가 나란히 진열되어 있는 것을 보는 꿈

아름다운 연인을 만나게 될 것이다.

● 금으로 만든 두꺼비, 송아지 등을 얻는 꿈

태몽으로 해석하기도 하며 태몽일 경우에는 귀한 자

손을 얻게 되는 꿈으로 해석한다.

● 금시계를 줍게 되는 꿈
뜻밖에 물질적인 횡재를 하게 된다. 재물, 돈, 명예를 얻게 되며 생각하지 않던 물건을 얻게 된다.

● 금으로 만든 도장을 얻는 꿈
부귀공명할 자손을 두거나 복권에 당첨되어 재물을 얻게 되고 직장에서 승진하게 되는 꿈이다.

● 금이나 은으로 된 촛대를 얻는 꿈
세상을 계몽하거나 종교 단체 · 계몽 사업체를 가지게 될 것이다.

● 밭에서 호미질을 하다가 금덩이를 캐낸 꿈
고위직으로 승진되거나 거금의 유산을 상속받거나 투자에서 큰 이득을 볼 징조다. 복권 당첨, 증권 투자로 뜻밖의 재물을 얻게 된다.

● 베개 속에서 금은보화가 나오는 꿈
재물과 이득이 생긴다. 횡재, 소원 성취 등의 길몽이다.

금고

● 금고가 열려 있는 꿈

금전적으로 이득을 얻어 재산이 늘어나고 정신적으로 는 학문이나 배움에 정진하게 되는 꿈이다.

● 돈이 가득 담긴 금고를 집 안으로 가져온 꿈

집안에 재물이 들어와 가정경제가 윤택해지거나 사업 체에 든든한 자본이 생기게 되는 꿈이다.

● 보석이나 금은보화를 금고에 넣어두는 꿈

재산을 은행 등의 기관에 위탁하거나 생계가 마련된다.

기차

● 기차가 산과 들, 바다 등의 공중을 질주하는 꿈

어떤 개인 업체나 세력이 사회적으로 크 게 성공할 것이다.

● 기차가 철로 위를 질주하는 것을 보는 꿈

세력 집단이나 사업체 정책, 행정 사업 등의 운영이

순조롭다.

● **기차가 터널 안의 철로를 헤드라이트를 환히 비추며 통과하는 꿈**
자신의 관운이나 사업운이 크게 열리게 된다.

● **기차나 전철에서 내리는 꿈**
내린 곳이 애초에 가고자 한 행선지였다면 일이 성공을 거두게 된다.

● **기차나 전철을 타는 꿈**
계획이 순조롭게 진행되고 있음을 나타내는 꿈이다.

● **기차에 깔려 죽는 꿈**
정치적인 일이나 개인의 소원이 거대한 기관에 의해서 성취됨을 뜻한다.

● **기차의 기적 소리가 크게 울리는 꿈**
기다리던 소식을 듣게 되거나 어떤 소원이나 애타게 바라던 일이 성취되는 길몽이다.

● 기차의 헤드라이트가 자기를 비추는 꿈

어느 기관이나 단체에서 자신이 해온 일을 빛내주거나 그것을 채택할 일이 생긴다.

● 애인과 함께 기차를 타는 꿈

실제의 애인이나 동업자와 함께 일을 처리해나가야 할 것을 의미하는 것이다.

넥타이

● 넥타이를 새로 사거나 선물을 받는 꿈

꾸는 사람에 따라 다른 해석이 가능한데, 남성이 이런 꿈을 꾸면 자신의 직책이나 계급, 신분 등이 돋보이게 될 일이 있거나 새로운 친구를 사귀게 될 것이다. 미혼 여성이 이런 꿈을 꾸면 연인을 만나게 될 것이다.

● 흰 와이셔츠에 넥타이를 매는 꿈

준비, 치장, 상봉, 결실, 예약, 계약, 일거리, 파티, 의식, 예식, 모임 등이 있다.

단추

● 금은보화로 된 단추가 달린 옷을 입는 꿈
좋은 동업자나 후원자, 조력자를 만나서 순조롭게 일
이 풀리게 되는 것을 암시한다.

● 단추나 혁대가 저절로 풀어지는 꿈
그동안 해결되지 않고 골치를 썩이던 문제가 해결되
어 마음이 홀가분해질 행운의 꿈이다.

● 옷에 고급 단추를 잘 다는 꿈
좋은 사업 파트너를 만나거나 훌륭한 협력자가 생길
것이다. 혹은 명예를 얻게 되어 사람들로부터 존경을
받게 될 것이다.

달걀

● 가지런히 놓인 달걀을 보는 꿈
가족이 늘어나고 가정에 화목과 행복이 깃들 징조다.
혹은 사업이나 직장에 관련해서 새로운 가능성을 점
쳐보고 있다는 의미도 된다.

● 달걀을 사오는 꿈

매사에 행운과 이익이 따를 징조다. 경제적으로 풍요
로워지며 알찬 실속이 예상된다.

● 날달걀을 먹는 꿈

새로운 가능성을 완전히 자신의 것으로 만든다는 것
을 의미한다. 따라서 새로 어떤 일에 도전하여 작든
크든 그 일에서 성과를 얻게 될 것을 암시하는 것이다.
미혼 남녀의 경우엔 혼담이 성사되거나 천생연분의
인연을 만나게 될 징조다.

● 산속에서 달걀을 발견해 갖는 꿈

자신의 능력이나 아이디어가 자신과 관련한 기관에서
채택되어 좋은 평가를 받게 된다.

● 짚더미에서 달걀을 찾아내는 꿈

좋은 결혼 상대자나 난관을 타개할 좋은 아이디어를
찾아내는 것을 암시한다. 이 꿈을 꾸고 나면 조만간
해결책을 스스로 찾게 될 것이다.

물건

담배

● **담배를 얻는 꿈**
얻는 수만큼 재물이 생긴다. 많을수록 좋다.

물건

도끼

● **금도끼가 번쩍거리는 꿈**
생산, 유통, 서비스업 등에 투자하여 엄청나게 큰 재물을 얻게 되는 꿈이다.

● **다른 사람으로부터 도끼를 받는 꿈**
하고자 하는 일이나 재물에 있어서 좋은 일이 생기며 직상에서는 진급을 하게 되고 일이 순조롭게 진행이 될 암시다.

● **도끼나 창을 힘차게 휘두르는 꿈**
운세가 확 트이게 될 길몽으로 승진과 출세 등 소원하던 일이 이루어진다. 사업에 있어서도 거칠 것 없이 발전해나가게 된다. 추진력 있게 박차를 가해도 좋다.

● 도끼를 갈아서 날을 세우는 꿈
널리 명성을 떨치고 입신출세할 기회를 얻게 되며, 남
다른 능력을 발휘하여 유명해지게 된다.

● 도끼의 날이 저절로 부서져 망가져 버리는 꿈
앞으로 큰 재물이 생기거나 이권을 얻게 되며 지위가
높아지고 성공하게 되는 꿈이다.

도자기

● 산 정상의 땅속에서 황금빛의 찬란한 도자기를 출토
하는 꿈
선거에 출마하여 당선되고 당권과 권력을 장악하게 된
다. 뜻밖에 좋은 운을 만나 운수대통하게 되는 꿈이다.

● 우물 속에서 도자기를 건져내는 꿈
대중에게 인기 있는 상품을 개발하여 유통을 통해 큰
이득을 얻게 되는 꿈으로 주머니가 두둑해진다.

● 흙을 빚어 불에 구워 도자기를 만드는 꿈
귀인을 만나 소원하던 일을 이루게 될 길몽이다.

물건

● 계단 위에 지폐나 저금통장이 보이는 꿈
재물, 돈, 저축, 계약 등을 상징한다. 적금이나 계를 들어 목돈을 장만하게 된다.

● 남에게 꾼 돈을 갚는 꿈
마음에 부담을 느끼던 일이나 고민이 해결되고, 금전적으로도 이득이 예상된다.

● 누군가가 돈이 가득 찬 큰 가방을 주는 꿈
집을 사거나 사업을 벌일 일이 있다.

● 도박이나 게임에 큰돈을 걸었다가 모두 잃고 낙심하는 꿈
재물이 굴러들어올 꿈이다. 사업상의 거래나 계약에서 큰 이득을 보게 되고 생활이 풍요로워진다.

● 산속에 동전이 어마어마하게 쌓여 있어서 자루에 퍼담는 꿈
주식 투자에서 큰 이익을 보거나 복권에 당첨되는 등

의 행운이 따를 꿈이다. 그러나 정직하고
성실한 마음과 겸손한 자세를 잃고 경거
망동한다면 뜻밖의 호기도 눈앞에서 무산
된다.

● 우박이 떨어지는 줄 알고 밖에 나가 보니 동전이 우
수수 쏟아져 내리는 꿈
관운, 승진운이 열리고 횡재를 하게 된다. 여러 가지
행운이 찾아오고 재물이 모인다. 지폐든 동전이든 돈
벼락을 맞듯 쏟아지는 것이 길몽이다.

● 자신의 지갑이나 핸드백 속의 돈을 도둑맞는 꿈
적은 액수를 도둑맞을 때는 근심 걱정이 해소되거나
자신에 대해 다른 사람에게 알릴 일이 생긴다.

● 지폐가 바람을 타고 날아 집 안으로 들어오는 꿈
먼 곳에서 우편물이나 기쁜 소식을 듣게 되는 꿈이다.

● 초상집에서 친구들이 달라고도 하지 않았는데 자신
에게 많은 돈을 주는 꿈
어떤 사업장이나 일의 장소에서 소원, 계약, 일 등이

성사될 것을 예시한다.

● 하늘에서 비행기가 보따리 하나를 떨어뜨려 집에 가
지고 와서 풀어보니 많은 돈이 방 안에 가득 찬 꿈
기업체나 단체 등에서 많은 일거리와 재산을 맡겨와
큰 부자가 될 것이다. 또는 크게 만족할 일이 생길 것
이다.

돗자리

● 돗자리를 만드는 꿈
단체나 조직이 융합하게 되고 혼담이 성사되는 꿈이다.

● 돗자리를 사들이는 꿈
현모양처를 맞이할 암시다.

● 방바닥에 새로 자리를 까는 꿈
어떤 사업을 벌이거나 많은 손님이 올 것이고, 자리
위에 화문석을 더 깔면 귀한 손님이 오거나 어떤 권리
가 생기게 되는 것은 암시한다.

● 산에 올라가서 돗자리를 펼쳐 깔거나 빨래는 너는 꿈
사회적으로 명예와 신분이 향상되고 앞날이 훤하게
트여 부귀와 영화를 누리게 되는 꿈이다. 사업은 발전
하고 안정을 맞게 된다. 단 사업 중간에 장애가 생기
게 되지만 결국에는 좋은 성과를 얻게 된다.

동상

● 선녀와 같은 여인의 동상이 아름다워 보이는 꿈
행운의 여신이 찾아와 사랑과 행복을 가져다주는 꿈
으로 문화 공간이나 옛 궁터 등에서 멋인 애인을 만나
낭만적인 사랑이 싹트게 된다.

● 역사상의 위대한 인물의 동상과 악수를 하는 꿈
자신에게 도움이 되는 조력자나 훌륭한 스승을 만나
입신양명하게 되는 꿈이다.

● 이순신 장군과 같이 위대한 인물의 동상을 보게 되
는 꿈
신분상승을 경험하게 되며 직업을 얻거나 사회적으로
중요한 위치에 놓이게 된다. 진학, 승진, 합격, 취직

등 사회활동과 관련해서 좋은 일이 생기게 된다.

떡

물건

● 떡을 맛있게 먹는 꿈

원하는 소원이나 하고자 하는 일이 순조롭게 이뤄지며, 재물과 명예 등 안정을 얻게 되는 꿈이다. 떡을 먹으며 다른 사람에게 나누어 줄 경우 남에게 자신이 가지고 있는 것을 전해줄 일이 생긴다.

● 떡장수에게 떡을 사서 먹는 꿈

사업이나 계획이 중매해주는 사람을 통해서 좋은 결과를 얻게 되며, 미혼의 경우 중매를 통해 혼인이 성사될 것을 암시한다.

● 상대방에게 떡을 나누어 주는 꿈

어떤 소식이나 도서, 지식 등을 남에게 전해줄 일이 생기는 꿈이다.

● 커다란 시루에 떡을 쪄놓고 천지신명께 빈 후 그 떡을 다 먹는 꿈

어떤 크고 많은 일거리를 협조 기관이나 협조자에게
청탁하여 그 일을 맡게 되며, 이 일거리를 잘 해치운다.
또한 한평생 상당히 큰일을 하여 부귀를 누리게 될 것
을 예시한 꿈이다.

모자

● 군인 모자를 쓰고 경례를 하는 꿈
주변의 모함과 방해를 이겨내고 결국은 소망을 성취
하게 될 꿈이다.

● 마음에 드는 모자를 사거나 선물 받는 꿈
먼 친척으로부터, 혹은 가문 공동 명의의 유산이 자신
에게도 분배되어 뜻하지 않은 횡재를 하게 된다. 혹은
생각지도 않았던 좋은 부서로 발령이 나거나 좋은 회
사에 스카우트된다.

● 모자를 깨끗하게 손질하는 꿈
어렵던 형편이 피게 되고 생활이 윤택해질 암시다. 윗
사람이나 아랫사람과의 갈등이 해소되고 신뢰가 회복
된다.

● 모자를 벗어서 돈이나 금, 은, 보석 등의 물건을 담는 꿈
정신적인 어떤 사업으로 재물이나 이익을 얻게 된다.

● 모자를 불에 태우거나 칼로 찢는 꿈
오랫동안 헤어져 있던 사랑하는 사람을 다시 만나게 되며 아울러 계획한 대로 일이 술술 풀려나가게 된다.

● 사각 모자를 쓰는 꿈
학문적 공로나 그 밖의 어떤 공로에 의해 명예를 얻게 된다.

● 암행어사가 쓰던 화관을 자신이 쓴 꿈
공직에 있거나 회사원이라면 높은 분의 눈에 들 일이 생겨 그로 인해 한꺼번에 여러 직급을 건너뛰어 신분이 상승하게 된다. 사업을 하는 사람이라면 평소에는 꿈도 꾸지 못하던 거래처와 거래를 트게 된다.

● 옛날 고관대작들이 쓰던 관모를 쓰고 외출하는 꿈
관직에 나갈 가능성이 높다. 이미 직업을 가진 사람이라면 그 안에서의 직위가 높아지고 큰 실력을 행사하

게 될 것이다. 고급스럽고 품위가 있는 모자나 갓을
쓴 꿈은 마찬가지로 해석할 수 있다.

● 학생모에 과일을 가득 담는 꿈
자녀나 자기 자신이 입학시험 같은 것에 합격을 하게
될 것이다. 학생이라면 학업 성적이 좋게 나오거나 대
입, 고입 같은 것에 합격을 하게 된다.

묵주

● 묵주가 보인 꿈
귀인이 나타나서 도움을 주게
될 징조다.

● 묵주를 새로 사는 꿈
새로운 일에 착수하여 큰 성공을 거두게 된다.

● 성모마리아가 나타나 직접 묵주를 걸어주는 꿈
위대한 종교인이 되거나 훌륭한 성직자가 되어 인류
를 구원하게 되는 사명을 받는 꿈이다.

● 옥으로 만든 묵주를 걸고 있는 꿈

학식이 높은 스승이나 도승을 만나게 되거나 훌륭한
종교인이 되는 꿈이다.

물건

문서

● 백발노인이 문서를 가져다주는 꿈

자신의 직장 상사나 윗사람, 또는 존경하는 사람이 권
리를 이양해주거나 어떤 업적에 대한 공로를 돌려주
게 되어 신분이 고귀해지고 명예로워질 것이다.

● 집문서를 얻는 꿈

큰 권리나 재산, 토지 등이 생길 수 있는 길몽이다.

물건

● 쌓아놓은 이불 속에서 물건을 꺼내는 꿈

지금껏 해왔던 계획이나 사업, 연구가 크게 성과를 거
두게 되는 꿈이다.

● 흙을 파내어 물건을 얻는 꿈

파낸 물건으로 인해 사회적으로 이득을 얻게 되는 꿈

바구니

● 바구니로 물고기를 잡는데 큰 놈이 걸려든 꿈
꿈속에서의 물고기는 재물을 상징하기도 한다. 따라서 바구니에 물고기가 얼마나 걸려들었는지에 따라 그만큼 돈을 모을 수 있다는 것을 의미한다.

● 바구니에 봄나물이 수북이 담겨 있는 꿈
가정과 사업에 활기가 넘치고 재물운이 대길하여 큰 이득을 보게 될 길몽이다.

● 붉은 고추를 바구니 가득 따는 꿈
태몽의 경우 장차 태어나게 될 아이가 사회적으로 성공하게 되는 꿈이며, 예술가의 경우 작품이나 창작물이 좋은 평을 얻어 재물을 얻게 되는 것을 암시한다.

● 호박이 바구니 안에 가득 담겨 있는 꿈
오랜 기다린 끝에 금전적으로 풍요롭게 되는 꿈이다.

바늘

● 바늘과 실을 얻는 꿈

계획이나 사업, 소원하던 일이 순조롭게 풀리고 이루어지는 꿈이다. 새집으로 이사를 하게 된다.

● 바늘에 실을 꿰는 꿈

소원이 성취되고 경사가 끊이지 않을 길몽이다.

바지

● 바지가 흘러내려 계속 신경이 쓰이는 꿈

행운이 가득 찰 꿈이다. 지위가 상승하고 일이 잘 풀리며 신망이 두터워진다.

● 바지에 허리띠를 매는 꿈

공부나 연구가 좋은 결과를 얻게 되고 결혼을 하게 된다. 사업에 있어서도 후원자나 조력자를 만나 성공을 거두게 될 것을 암시한다.

반지

● 구리반지가 보석반지로 변하는 꿈

처음엔 말단사원에서 시작하여 사장에까지 오르게 될 꿈이다. 즉, 처음에 별로 눈에 띄지도 않고 배경이나 학별도 보잘것없는 사람이지만, 점차 그 사람의 가치나 인격, 실력이 향상되어 마침내 그 분야의 최고가 되거나 최고의 명예, 권력, 부귀 등을 누릴 수 있게 되는 것이다.

● 모르는 사람에게서 예쁜 산호반지를 받는 꿈

집안에 경사가 생기는 꿈으로 미혼의 경우 배우자를 만나 결혼을 하게 된다.

● 반지를 줍거나 선물 받는 꿈

주변에서 인기를 한 몸에 받게 되고 특히 자기가 좋아하던 이성에게서 사랑을 받게 된다. 직장에서도 윗사람들에게서 신임을 받는다. 이밖에 결혼을 예시한 꿈이기도 하다.

● 수많은 반지를 얻는 꿈

다방면으로 재능이 출중하고 능력이 많아 사람들로부터 귀하게 여겨지는 자손을 얻게 되는 꿈이다.

● 출근길에 금반지를 줍는 꿈
직장에서 승진하거나 사업에 있어서 중요한 계약을 성사시키는 등의 행운이 따른다.

● 케이스에 든 금반지를 상품으로 받는 꿈
하는 일에 부귀가 따르고 경사가 생길 길몽이다.

밥

● 김이 모락모락 나는 밥을 맛있게 먹는 꿈
경제적으로 풍족해지고 근심 걱정이 없는 평화롭고 안정된 생활이 이어질 징조다.

● 남의 집에서 밥을 얻어오는 꿈
별로 힘을 들이지 않고도 재물이 들어와 쌓일 징조다.

● 밥을 많이 먹은 꿈
앞으로 하는 일이 잘 풀리고 사업이 번창하여 큰 재물

을 모으게 되는 꿈으로 부자가 될 징조다.

● 쌀을 씻어서 밥을 짓고 있는 꿈
순탄하게 일이 진행되어 이익을 얻을 암시다.

● 잡곡밥을 먹는 꿈
집안에 경사가 생길 조짐이다.

방망이

● 날아오는 빈 병을 방망이나 손으로 깨뜨리는 꿈
야구선수가 이런 꿈을 꾸면 홈런을 날릴 수 있다. 또
한 일반인이 이런 꿈을 꾸면 통쾌하고 시원한 일이 생
긴다.

● 야구공을 야구방망이로 시원하게 쳐내는 꿈
그간 풀리지 않아 답답해하던 일을 잘 처리하게 된다.
또는 어떤 통쾌한 일을 경험하게 될 것을 예시한다.

● 야구방망이를 휘두르는 꿈
자신의 강한 성욕을 나타내는 꿈이다.

방석

● 꽃방석에 앉아 붉은 과일을 먹는 꿈
승진 또는 영전(榮轉)을 하게 되거나 평소의 소원이
이루어지게 된다. 혹은 자신의 사랑이 이루어져 기쁨
을 누리게 된다.

● 어떤 집을 방문했는데 주인이 내주는 방석을 깔고
앉는 꿈
어느 기관이나 관청, 회사 등에 취직이 되거나 직책이
주어진다.

● 원앙새가 수놓아져 있는 방석 위에 앉아서 공부하는 꿈
공부하는 방법을 터득하여 학업성적이 좋아지게 되는
꿈이다.

배 · 선박

● 목재 등을 배에서 내려 쌓는 것을 보는 꿈
재물이나 인적 자원을 얻게 된다.

● 배가 침몰하는 것을 보는 꿈
큰 사업이나 어떤 소원을 성취시킬 일이 생길 것이다.

● 배가 하늘을 나는 꿈
행운의 징조다. 성공의 호기가 찾아오고 엄청난 부귀
와 명예가 자기 것이 된다.

● 배가 만선으로 항구에 들어오는 꿈
지금까지 해온 일의 성과를 보는 것을 의미한다. 크게
횡재를 하거나 큰 재물을 모으게 된다.

● 배 안에 물이 고인 꿈
사업이 번성하여 집안으로 재물
이 들어와 부귀영화를 누리게
되는 징조다.

● 배의 닻이 내려지는 꿈
미혼인 사람이 이런 꿈을 꾸었다면 결혼하여 가정을
꾸리고 안정된 생활을 하게 될 것을 암시한다.

● 자기가 바다 한가운데에서 널조각을 잡고 흘러가다

가 지나가는 배에 구조되는 꿈
누군가의 도움으로 취직, 결혼 등을 하게 되어 새롭게
희망을 가질 수 있게 될 것이다.

● 자기가 탄 배가 바람을 받아 순조롭게 운항하는 꿈
하고 있는 사업이나 일 등이 바람을 타고 순항하는 배
처럼 잘될 뿐만 아니라 소원을 이룰 수 있다.

● 자기가 탄 배에 화재가 활활 타오르는 것을 보는 꿈
사업이나 집안이 크게 일어날 것이다.

● 자신이 탄 배 안으로 물고기가 뛰어드는 꿈
사람을 구하거나 재물이 생기고, 그물로 물고기를 잡
으면 돈을 벌게 된다.

벌집

● 꿀벌 통에 꿀이 가득하고 꿀벌들이 모여드는 꿈
막대한 사업 자금이 조달되고 사업도 크게 융성해져
많은 사람들을 고용하게 될 것이다.

● 나무에 벌집이 달려 있고 많은 벌들이 드나들면서 꿀을 모으는 꿈

큰 사업체를 경영하는 경우에는 크게 성공하게 되며 많은 사람들을 고용하여 날도 번창하게 된다.

● 벌집을 발견하는 꿈

집안 살림이 풍요로워지고 행복이 약속된다. 귀한 자식을 얻게 되거나 마음에 드는 직장을 얻게 될 징조이기도 하다.

베개

● 두 사람이 베개를 함께 베고 있는 꿈

이 꿈에서 베개는 사업 기반을 의미하는데, 두 사람이 같은 방향으로 누웠다면 뜻이 잘 맞는 사람과 동업을 하게 될 것을 암시한다.

● 배게 속에서 금은보화가 나오는 꿈

경제적으로 여유가 생기며 재물이 들어온다. 그동안 소원하던 일이 이루어지는 큰 운을 만나게 된다.

물건

● 고급스런 팔찌를 하고 있는 꿈

어떤 일이나 연구를 훌륭하게 해낸다. 좋은 우정을 쌓게 되고 연애 중인 사람은 보다 깊이 있는 관계로 발전한다.

● 길을 가다가 노점에서 예쁜 나비 브로치를 사서 가슴에 다는 꿈

사업이나 추진하던 일이 관련 기관이나 단체의 도움으로 성공하게 된다. 또한 이로 인해 세상의 이목을 끌어 명성을 쌓게 되며 재물을 모으게 된다.

● 논밭에 보석이 즐비하게 깔려 있는 꿈

생산업에 투자하여 엄청난 성공을 거두게 되고 부동산에 투자하여 좋은 성과를 얻게 되는 꿈이다.

● 배추 속에 푸른 옥이 영롱한 꿈

인문과학이나 자연과학과 같은 학문을 깊이 있게 연구하여 새로운 진리나 발견을 하게 된다. 명예, 창작, 탐구, 발명, 횡재, 재물, 사랑과 같은 경사가 있다.

● 보석이 박힌 목걸이를 하고 있는 꿈

애인이 생기거나 현재 사귀고 있는 남자친구(여자친구)가 있다면 보다 깊은 관계로 발전하게 될 암시다. 이밖에도 뜻밖의 행운이 찾아올 징조이므로 길몽이다.

● 여러 가지 보석 목걸이를 목에 주렁주렁 거는 꿈

추진하던 일이나 사업, 소망이 크게 충족된다. 또한 그 보석의 수효만큼의 훌륭한 상을 받거나 값비싼 이권을 소유하게 되며, 여러 가지 인기 있는 사업에 나서게 될 수도 있다.

● 자신이 보석을 토해내는 꿈

누군가로부터 큰 도움을 받거나 은혜를 입게 된다.

● 책갈피 속에서 반짝거리고 빛이 나는 다이아몬드를 본 꿈

학문과 진리를 탐구하여 새로운 사실을 발견하게 되는 꿈으로 학생의 경우에는 학업성적이 좋아지게 된다. 서류와 관련하여 길운이 생긴다.

● 크고 빛나는 보석을 하나 얻는 꿈

매우 값지고 소중한 것을 얻게 될 징조다. 평생의 반려자나 자식, 스승을 얻게 된다. 또한 종교적 깨달음을 상징하기도 한다.

물건

보트

● 갯벌에 엎어진 보트를 바로 잡아 하천을 지나가는 꿈
성취될 가망이 없는 일이나 실현 가능성이 없는 계획이나 사업이 호전될 것을 암시하는 꿈이다.

● 누군가를 태우고 보트를 젓는 꿈
어떤 일에 자신의 주도로 동업이나 공동 작업을 할 일이 생기며, 그 사람과의 관계가 순조로워 좋은 결과가 예상된다. 만약 보트에 같이 타고 있는 사람이 이성인 경우에는 더 발전된 관계로 나아갈 수 있을 것이다.

분뇨차

● 분뇨차가 집으로 들어와 마당에 대소변을 쏟아놓는 꿈

마당이 온통 대소변으로 뒤덮였다면 어마어마한 재산을 얻게 될 징조다. 부동산이나 유산 상속 등으로 하루아침에 부자가 될 것을 암시한다.

불경

● 나이든 스님으로부터 불경을 받는 꿈
다른 사람들에게 자신의 실력을 인정받거나 윗사람에게 인정받아 승진, 출세하는 꿈이다.

● 법당에서 불경을 외우는 꿈
학문과 관련한 경우 연구하던 일이 크게 성과를 얻게 되고 소원하는 일이 이루어지는 꿈이다.

불상

● 불상이나 신물을 얻는 꿈
뜻밖의 횡재를 하거나 사업상 이익을 얻을 길몽이다. 운세가 트여 모든 일이 순조롭게 풀리게 된다. 그냥 얻은 것보다는 아무도 모르게 줍거나 훔쳤을 경우에는 더욱 큰 행운을 얻게 된다.

● 예불을 올리고 있는데 앞에 있던 불상이 갑자기 잘생긴 청년으로 변하더니 자신에게 말을 하는 꿈
모든 문제가 일시에 해결되고 재물과 명예를 동시에 얻게 된다.

● 절에 들어가 금불상을 훔쳐 가지고 나온 꿈
근심 걱정이 사라지고 경제적으로도 윤택함을 누리게 될 행운의 꿈이다.

● 큰불이 나서 잿더미가 되었는데 그 위에 여러 개의 금불상이 생기는 것을 본 꿈
자신이나 가족, 가까운 친척이 뭔가 의미 있고 가치 있는 사업을 성취하게 될 것이다.

● 풀밭 길을 걷다가 뭔가를 주웠는데, 그것을 닦아보니 섬세하게 만들어진 조그마한 금불상이 찬란하게 빛나는 꿈
학원이나 직장에서 연구나 일에 종사하고 있는 동안 어떤 정신적 업적을 남겨 세상에 명성을 떨치게 됨을 예시한다.

붓

● 붓으로 글씨를 쓰는 꿈

자신의 사상이나 학문, 이론 등을 세상에 널리 알릴 어떤 방법이나 능력이 생길 것이다.

● 붓이나 먹, 벼루, 연적 등을 얻는 꿈

이루고자 하는 일이나 계획, 학문, 사상이 성취될 수 있는 길이 열리거나 취직의 기회가 올 것이다. 혹은 연애의 기회, 즉 누군가로부터 이성을 소개받거나 선을 보게 될 일이 생길 것이다.

비옷

● 비옷을 사거나 잃어버리는 꿈

비옷을 사는 꿈은 뜻밖의 목돈이 들어올 징조다. 비옷을 잃어버린 꿈 역시 소망이 마침내 이루어질 암시로서 길몽이다. 비옷을 잃어버려서 빗속을 어떻게 뚫고 가나 하고 걱정하는 꿈은 재수가 좋다. 계획한 일이 순조롭게 이루어지고 명예도 상승한다.

물건

비행기

● UFO를 보는 꿈

창조적인 일에 종사하게 되거나 이미 이런 분야에 종사하는 사람은 참신한 발상이나 아이디어가 생길 것을 예시한다.

● 비행기가 거리를 폭격하여 화염에 휩싸이는 꿈

기성세대의 낡은 관념이나 보수 계층의 구태의연한 정치 행태 등을 타파하는 어떤 행동, 즉 혁명이나 어떤 일의 혁신 등이 이루어질 것을 암시하는 꿈이다.

● 비행기가 어떤 물건을 실어다 주는 꿈

기관, 회사, 단체 등에서 책임 있는 일을 맡거나 재물을 얻을 수 있다. 혹은 그러한 기관들에서 명예나 일 등을 가져다주기도 한다.

● 비행기가 하늘에서 편대비행을 하며 에어쇼를 벌이는 꿈

사업이 잘 정비되거나 일이 잘 진행된다.

● 비행기를 격추시켜서 떨어지게 하는 꿈

사업 또는 바라는 일이 협조 기관이나 어떤 방도에 의해서 무난히 성취된다.

● 비행기를 타고 하늘을 나는 꿈

어떤 기관이나 회사의 혜택을 입어 출세하게 될 것을 예시한다. 입시생인 경우에는 시험에 합격하게 될 것이고, 승진을 눈앞에 두고 있는 사람이라면 승진으로 실현될 수도 있다. 또한 실제로 자식들 덕분에 해외로 효도관광을 가게 되기도 한다.

● 비행기에서 폭탄을 투하거나 기관총을 쏘는 것을 보는 꿈

자신의 명성이 자자해지게 되거나 큰 재물이 쌓이게 될 좋은 꿈이다.

● 비행기의 트랩을 오르는 꿈

취직을 시도하거나 어떤 일을 시작하게 될 것이다. 트랩에 올라서서 기내의 좌석에 앉았다면 취직이 결정되며, 어떤 일에 있어 권리나 권한이 주어질 것이다.

● 비행기가 지상에서 승객을 승하차시킨 꿈

관광이나 운수, 수송업 등에 관계된 꿈이거나, 본사에서 지사로 인원 배치 및 물량 공급을 하게 될 것을 예시하는 꿈이다. 배급, 분배, 봉사, 무역 등과 관계가 있는 꿈

물
건

빗

● 머리빗을 얻어 가지는 꿈

협조자, 배우자, 방도, 치료 수단 등을 얻는다. 귀인을 만나 점차 일이 순탄하게 풀리고 좋은 성과를 얻게 되는 꿈이다. 머리빗을 얻고 장가간 남자는 좋은 아내를 얻을 것이며, 머리빗을 얻고 잉태한 여자는 효성스런 자식을 두거나 장차 남의 딱한 사정을 잘 해결해주는 자선사업가를 낳게 된다.

빗자루

● 누군가에게 빗자루를 얻는 꿈

취직을 하게 되거나 승진을 하게 되며, 경영인은 유능한 직원을 채용하게 된다.

● 대비로 마당을 쓰는 꿈

당신의 사업에 후원자가 생길 것이다. 혹은 새롭게 사업 기반을 닦게 될 일이 있을 것이다. 마당을 쓸면서 쓰레기를 한쪽으로 쓸어 모으면 근심 걱정이 해소될 것이다.

● 빗자루를 들고 방을 쓰는 꿈

머지않아 손님이 찾아오거나 새로운 사업 조건이나 공부할 여건이 마련될 것이다. 또한 지금 골치를 썩이고 있는 근심 걱정들이 사라질 것이다.

● 빗자루를 사들이는 꿈

입신출세하게 되며 재물도 따라 들어오게 된다. 집안에서 하는 가업이 잘되어 비로 쓸어들이듯 재물이 들어올 징조다.

빵

● 부드럽고 맛있는 빵을 먹는 꿈

생활이 넉넉해지고 걱정거리 없는 평온한 나날이 이어질 징조다.

● 빵 굽는 구수한 냄새가 집 안에 가득한 꿈
화목과 행복이 집안에 가득 넘치게 될 징조다.

● 빵 부스러기를 주워 먹는 꿈
뜻밖의 이득과 행운이 찾아올 길몽이다.

● 빵에 잼이나 크림을 발라 먹는 꿈
어떤 일을 훌륭하게 마무리하게 되
는 꿈으로 책임감을 필요로 하는 것
을 암시한다.

● 빵집에서 빵을 사오는 꿈
좋은 친구나 마음에 드는 파트너를 얻을 암시다.

사진

● 남편 또는 애인이 다른 여성과 찍은 사진을 보고 엉
엉 우는 꿈
사업을 크게 확장하게 될 것을 예시한다.

● 사진기를 새로 구입하는 꿈

사업상의 동반자를 얻게 되거나 배우자를 만나게 되는 꿈이다.

상복

● 여성이 상복을 입고 있는 꿈
갑작스럽게 유산을 상속받게 되거나 결혼을 하게 되는 것을 암시한다. 또는 남편의 사업이 성장하게 되는 꿈이다.

● 웃어른이 죽은 후에 시신 앞에서 상복을 입고 있는 꿈
유산을 상속받을 일이 생기거나 관직에 오르게 되어 돈과 명예를 얻게 된다. 그러나 실제로 집안 어른들의 죽음을 예시하는 경우도 있다.

● 자신이 상복을 입거나 장사를 지내는 꿈
지위, 신분, 명예 등이 상승하게 될 길몽이다. 갑작스러운 유산 상속을 받게 되거나 결혼을 하게 된다. 또한 사업가라면 사업이 번창하게 되고, 기혼 여성이 이런 꿈을 꾸었다면 남편이 출세하게 된다.

물건

● 무덤 옆에 상여, 정각이 있는 꿈
큰 인물이 태어나서 명예와 권세를 세상에 과시하게
되는 꿈이다.

● 상여나 영구차가 지나가는 것을 본 꿈
뜻하지 않은 큰 이득을 얻게 되며 행운이 따른다.

● 상여 소리가 크게 울려 퍼지는 꿈
울려 퍼지는 크기만큼 자신의 분야에서 성공하게 되
고 명성을 떨치게 된다.

● 상여 앞에 만장이 많이 있는 것을 보는 꿈
사업이 술술 풀어지고 어떤 일에 업적을 쌓을 일이 있
겠다. 예술가라면 뛰어난 작품을 완성하여 세상에 크
게 알릴 일이 생겨 명성을 떨치게 되며, 이로 인해 많
은 돈을 벌게 된다.

● 상여를 뒤따르는 조문객이 많은 꿈
조문객의 수가 많으면 많을수록 꿈속의 망자를 숭상

하거나 생전의 그의 정신을 기리는 사람이 많아지게
된다.

● 자기 집에 누군지 모르는 초상이 나서 상여가 놓이
는 것을 보는 꿈
자기 집에서 치러지는 초상은 자신의 직장 또는 사업
의 성사를 의미한다. 추진하던 일이나 사업이 잘 풀려
많은 돈을 벌게 되고 사람들에게 소문이 나게 된다.

상자

● 상자 속에 가득 찬 약병을 얻은 꿈
맛있는 음식을 실컷 먹거나 이름 있는 식당에서 식사
를 할 일이 생기게 될 징조다.

● 유리 상자 속에 귀금속이 가득 담겨 있는 꿈
부귀공명하고 재물, 돈, 재수가 대통하게 되는 꿈이다.

색깔

● 검은색이 밝게 보이는 꿈

재생과 함께 무한한 가능성을 나타내며, 고난 뒤에 얻
어지는 행복을 예시한다. 혹은 탐욕과 섹시한 매력을
나타낸다.

● 노란색이나 황금색 옷을 입은 꿈
생각지도 않던 행운의 여신을 상징하는 것으로, 다른
사람의 시선을 받게 될 징조.

● 땅의 색깔이 푸른 꿈
푸른 잔디밭의 꿈을 꾸면 길몽으로, 오랜 노력의 대가
가 있으며, 모든 것이 순조로워진다.

● 여러 가지 색깔로 피어 있는 고운 꽃들을 보는 꿈
명예나 직장에 관련된 발전의 기쁨이 따르게 된다.

● 오렌지색을 보고 예쁘다고 느끼는 꿈
불이나 불꽃, 풍부한 생명력, 충실한 에너지를 상징한
다. 혹은 불행한 일은 사라지고 희망과 깨달음을 얻게
된다.

● 전체적으로 밝게 빛나고 기분 좋게 느껴지는 색상을

본 꿈

연애운이나 건강운, 또는 성공운 등이 순조롭게 상승하고 있음을 알리는 꿈으로, 색상이 선명할수록 좋은 암시이며 영적으로도 고차원적인 꿈이다.

서랍

● 서랍 안이 꽉 차 있는 꿈

새로운 업무를 맡아 지위가 상승되거나 새로 벌인 사업에서 큰 이득을 얻을 징조다.

● 책상 서랍을 정리 정돈하고 있는 꿈

어려움을 이겨내고 좋은 시절이 다가오고 있음을 예시하는 꿈이다. 이제부터는 계획대로 순조롭게 일이 진행된다.

● 책상 서랍 속에서 불이 나는 꿈

문서와 관련된 일에 있어서 길운이 생기는 것이며 용돈, 선물, 재물 등이 생기게 되는 꿈이다.

서류

● 서류나 서류가방을 들고 있는 낯선 사람과 악수하는 꿈

사업상의 거래가 성사될 암시다. 꿈속의
그 사람이 자기보다 신분이 높아
보이는 사람이었다면 자신의 지
위가 높아지고 큰 이득을 얻게
될 길몽이다.

● 중요한 서류봉투를 지하철이나 버스에 두고 내려 당황한 꿈

작은 규모의 횡재를 하게 된다. 고정 수입 이외의 부수입을 올리게 되거나 눈먼 돈이 굴러 들어오게 된다.

소반

● 누군가 금으로 장식된 소반을 주어 그것을 받아 높은 곳에 놓고 바라본 꿈

훌륭한 사업 기관이나 사업성과 등을 얻게 되고, 그 일에 종사하거나 그 업적을 과시할 일이 있게 됨을 예시

한다.

속옷

● 꽃무늬 브래지어를 착용하는 꿈
아름답고 멋진 예술 작품을 창작한다.

● 브래지어를 사는 꿈
대인관계가 원만해졌다는 것을 의미하며 최근에 내린
결단이나 결심이 앞으로 좋은 결과를 가져올 것을 예
시한다.

● 팬티를 벗는 꿈
상상력이나 창의력이 왕성해져서 창작, 기획, 발명 분
야에서 능력을 발휘하게 된다.

● 팬티를 사는 꿈
현재보다는 더 나은 상황이 도래할 것을 예시한 꿈이
다. 남성의 경우에는 주위에서 자신을 높이 평가하고
좋은 기회가 찾아오게 된다.

솥

● 금으로 솥을 만드는 꿈
사업이 크게 번성하여 재물을 쌓게 되거나 크게 성공
할 사업에 손을 대게 될 것이다. 혹은 횡재를 하게 된다.

● 솥이나 냄비를 얻는 꿈
유능한 경영자가 된다.

수저

● 수저를 얻는 꿈
장차 사업가가 될 것이다. 조상에게 받으면 재산을 상
속 받게 되거나 사회에서 어떤 일거리를 얻게 되거나
위임받게 된다.

● 숟가락 통에 수저가 가득 담겨 있는 꿈
가족이나 친지들이 모여 잔치를 크게 여는 일이 생기
는 꿈이다.

수표

● 누군가에게 자신이 백지수표를 주는 꿈
자신의 능력이나 권세, 신분 등을 과시할 일이 생기거
나 누군가에게 어떤 지시나 명령을 내릴 일이 생긴다.

술 · 술통

● 사람들이 많이 지나다니는 큰길이나 시장 한복판에
앉아서 마음 편하게 술을 마시는 꿈
신념과 뚝심으로 결국은 사업에서 크게 성공하고 소
원이 성취될 행운의 꿈이다.

● 자기 집에서 술을 담그는 꿈
재물이 늘어나고 경사가 생길 꿈이다.

● 항아리에 술, 식혜, 수정과 등이 가득 담겨 있는 꿈
재산이 모이고 생활이 부유해질 암시다. 그러나 항아
리 속의 술이나 음료수가 상해서 먹을 수 없게 되었다
면 오히려 재물을 잃고 곤궁해질 징조다.

● 창고에 술통들이 가지런히 놓여 있는 꿈

그동안 노력한 보람이 있어 좋은 성과를 보게 된다. 부귀영화를 누리게 된다.

숫자

● 경리가 장부에 글씨와 숫자가 아닌 별을 그리는 꿈

나갔던 외상값이 무더기로 쏟아져 들어온다. 문서상 길조이자 희소식, 재물 등의 길조이다.

스타킹

● 스타킹 세 켤레를 선물로 받는 꿈

미혼인 경우 세 군데서 혼담이 들어올 일이 있을 것이다. 혹은 어떤 기관이나 사업체 세 군데에서 일거리를 얻거나 당신의 일을 도와줄 일이 생기게 될 것이다.

시계

● 시계를 선물 받는 꿈

사업 파트너나 직장, 사회에서 협조자를 만나게 되고,

재물과 함께 권리나 지위를 획득할 수 있게 된다. 고급 시계를 얻으면 자기가 세운 계획대로 매사가 진행된다.

신발

● 구두에 광을 내며 정성 들여 닦는 꿈
새로 착수한 사업이나 연애 등이 바라는 바대로 이루어져 좋은 결과를 얻게 될 것을 예시하는 길몽이다.

● 남의 신발을 빌려 신는 꿈
길몽이다. 외부의 협력과 후원을 받아 사업이 번창하고 경사가 겹치게 된다.

● 물에 신발이 빠져서 낚싯대로 건져 올리고 있는데 여러 켤레의 신발이 줄줄이 딸려 올라온 꿈
주위에 자신을 아끼고 돌봐줄 사람이 많아진다는 의미이다. 그러나 자신의 사소한 실수가 커다란 문제로 비화되어 곤경에 처할 수 있으니 조심하라는 경고이기도 하다.

● 새 구두를 신었는데 편하고 기분이 좋았던 꿈
좋은 상대를 만나 사랑에 빠질 암시다.

● 손님들이 다 돌아갔는데 현관에 주인 없는 신발 한
켤레가 남아 있었던 꿈
부하직원이나 후배, 동생 등 많은 아랫사람들이 자신
을 존경하고 신임하며 믿고 따르게 된다. 또는 그들로
인해 권력과 행운을 얻게 된다.

● 신발이 커서 발에 맞지 않는 꿈
만약 신발이 크다면 큰 집으로 이사를 가거나 승진을
하게 되는 등 현재보다 좀 더 상승을 하게 될 것이다.

● 신발장에 신발이 가득하거나 현관에 여러 켤레의 신
발들이 뒤엉켜 있는 꿈
큰 규모의 사업을 벌이면 성공한다는 예시가 담긴 꿈
이다. 개별적으로 조그마한 사업을 하고 있었다면 투
자자를 모아서 주식회사를 설립하고 규모가 큰 사업
에 손을 대면 좋은 결과를 볼 수 있다. 회사원이라면
주식 투자 등에서 재미를 본다.

● 튼튼하고 번쩍거리는 가죽 부츠를 신고 있는 꿈
재물을 얻고 지위가 높아질 길몽이다. 큰돈이 들어오
고 사업이 번창하며 승진하게 된다.

십자가

● 교회에서 금 십자가를 몰래 훔쳐 가지고 나오는 꿈
그간 고민하던 문제가 해결되고 재물운이 들어와 집
안이 날로 번창하게 되며 자신도 출세하게 된다.

● 십자가를 받거나 몸에 걸치는 꿈
좋지 않은 악법이 사라지고 새로운 법
이 생겨나며, 사업 등이 새로운 전환점
을 맞이하게 된다.

쌀독 · 쌀통

● 쌀독에 쌀이 가득 차 있는 것을 보는 꿈
생활 형편이나 사업이 번창해진다.

악기

● 바이올린, 거문고 등 동서양의 것을 가릴 것 없이 현
악기를 얻는 꿈
다른 사람의 도움으로 사랑이 순조롭게 이루어진다.

안경

● 안경점에서 돋보기나 안경을 사는 꿈
불투명하던 일이 명백해지며 하는 일마다 시원하게
풀린다. 상거래 등에서 이득을 얻을 수 있다.

● 금테 안경을 쓰는 꿈
뭔가 남들에게 자랑하고 과시할 일이 생길 것이다. 가
령, 승진해서 지위가 올라가거나 하는 일이 생긴다.

안테나

● 성능이 좋지 않은 라디오에 붙은 안테나를 최대한
길게 뽑는 꿈
좋은 소식을 듣게 될 징조다.

● 옥상에 안테나를 높이 세우는 꿈

기다리던 소식을 접하게 될 징조다. 혹은 새 정보에
어두운 자기 자신에 대한 불안감이 반영된 꿈이다.

앞치마

● 앞치마를 꺼내 두르는 꿈

반가운 손님이 찾아올 것을 예시하는 꿈이다. 멀리 떨
어져 있던 가족이 돌아오거나 오랜만에 친구나 친지
등이 찾아오게 된다.

● 자신의 앞치마나 속옷에 가지를 담은 꿈

어렵게 자식을 얻게 되는 것을 암시하며, 재물이나 먹
을거리와 관련하여 큰 횡재를 하는 등 푸짐한 부와 식
복이 들어오는 꿈이다.

약

● 가족 중 한 사람이 아프다고 해서 약을 구해 오는 꿈

현실에서 어떤 일이나 계획 등을 성취시키기 위해 여
러 방도를 구하는 것과 같다. 약을 구해 오면 소원이

충족되어 자신의 계획했던 일들이 만족스럽게 될 것이다.

● 자기가 사약을 먹고 죽는 꿈
최고의 권리, 명예 등이 주어져 신분이 귀해질 것이다.

● 진열장에 약병이 즐비해 있는 것을 보는 꿈
학문적인 이론이나 사업 방안을 세우게 될 것이다. 혹은 큰 부를 축적하기도 한다.

양복

● 여성인 자신이 남자 양복 등을 입고 남장을 한 꿈
실력을 인정받게 되며 큰일을 할 수 있는 기회가 주어진다. 크게 성공할 징조다.

어항

● 어항에서 노는 금붕어를 바라보는 꿈
장차 예술인으로 성공하게 될 것이다.
또한 많은 예술작품을 창작할 것이다.

사업가라면 많은 여직공을 거느리는 기업인이 될 것을 예시한다.

● 어항 속에 예쁜 금붕어를 넣어 기르는 꿈
어린이 교육기관을 설립하여 인재를 양성하게 되는 꿈으로 후진 양성이나 육성 사업에 크게 성공할 징조다.

영구차

● 길을 걷다가 질주해오는 장의차를 보고 놀라는 꿈
추진 중인 사업이 순조롭게 잘 진행되어 돈을 벌게 되고 사업체를 옮기거나 이사하게 된다.

● 영구차가 집 앞에 머무르지 않고 지나가 버리는 꿈
사업이나 건강상의 문제로 인해 받고 있던 고통이 끝나고 새로운 전환점을 만나 크게 제기하는 꿈이다.

● 영구차를 타는 꿈
생각하지 않았던 도움으로 금전적인 이득을 보거나 큰 재물을 얻게 되는 길몽이다.

● 집 마당에 영구차가 주차되어 있는 꿈

영구차 안이나 옆에 조문객들이 있으면 소원하던 일이나 결혼, 명예에 관련한 어떤 일 등이 성취되며 저축할 일이 생길 것이다.

물건

옷

● 검은 옷으로 갈아입는 꿈

신분의 변화나 사업 파트너의 도움 등을 의미한다.

● 누군가에게서 옷을 선물 받는 꿈

사업상 누군가에게서 도움을 받게 될 징조다. 적절한 시기에 적절한 도움을 받아 자신의 입지가 강화되고 이익을 얻는다. 실직자라면 일자리를 얻게 되고 생활이 나아지게 되며, 고마운 사람을 만나 새로운 삶이 시작된다.

● 눈부시게 하얀 원피스를 입고 출근하는 꿈

직장에서 신임을 얻고 능력을 인정받으며 대인관계도 잘 풀린다.

● **다림질이 잘된 눈부시게 하얀 와이셔츠를 입는 꿈**
직장이나 관청에서 승진이나 허가 등의 기쁜 소식을
알려오게 될 징조다.

● **분홍색 옷을 입는 꿈**
여러 사람들에게 사랑을 받게 될 것이다. 만약 다른
사람이 분홍색 옷을 입고 있는 것을 보는 꿈은 그 사
람이 사람들에게 사랑을 받게 되는 것을 보거나 당신
이 그 사람을 사랑하게 될 것이다.

● **새 옷을 입는 꿈**
새집으로 이사를 가거나 신분이나 지위 등이 새로워
진다. 만약 병을 앓고 있는 사람이 꿈속에서 새 옷을
입고 있으면 죽음이 임박해 있음을 의미한다. 그러나
병을 앓고 있다 하더라도 큰 사업이나 계획을 가지고
있는 사람이라면 사업에 관계된 꿈으로 해석하면 된다.

● **색동옷을 입는 꿈**
사람들의 사랑을 받는 인기인이 되거나 인기 직업에
종사하게 될 수 있다.

물건

● 옷의 지퍼를 부드럽게 닫고 있는 꿈
부드럽게 지퍼가 닫히는 꿈은 잔신경이 쓰이던 일들
이 말끔하게 해소될 길몽이다.

● 와이셔츠를 새로 갈아입는 꿈
새로운 사업 파트너가 생기거나 신분, 직책 등에 이동
이 생길 일이 있겠다.

● 자기 옷에다가 오색실로 고운 수를 놓는 꿈
마음에 드는 이성을 만나게 될 암시다. 그러나 거기에
만 너무 마음을 빼앗겨서 본분을 잊는다면 낭패를 보
니 주의해야 한다.

● 찢어진 옷을 꿰매는 꿈
경제적으로 이익을 얻게 되고 일이 잘 풀려나갈 징조다.

● 찢어진 옷을 내다 버리거나 헌옷 모으는 센터에 가
져다주는 꿈
근심이 사라지고 안정과 풍요가 집안에 깃들 징조다.

옷감

● 새 옷을 만들고 있는 꿈
취직, 결혼 등의 새로운 출발을 암시한다.

● 옷감을 새로 끊어 오거나 옷감을 선물로 받는 꿈
오고가던 혼담이 성사되거나 천생배필이 될 사람을
만나게 된다. 미혼 남녀에겐 아주 좋은 꿈이다.

● 장롱을 열고 그 안에 쌓인 오색찬란한 옷감들을 보
는 꿈
지금까지 어려웠던 일들이 순탄하게 풀리게 되며 무
지개빛 미래가 펼쳐져 있다.

옷장

● 옷장이 옷으로 꽉 차 있는 꿈
사업 거래에서 큰 이득을 남길 암시다.

왕관

● 보석으로 된 왕관을 쓰는 꿈

자신의 주변에 자신에게 헌신할 사람이 있어 어떤 곤란한 일이 생기더라도 그들에 의해 목적한 바나 뜻하는 바를 손에 넣을 수 있게 된다. 이로 인해 사회적 명예와 신용을 얻게 된다. 또한 동료나 부하직원의 도움으로 승진하게 된다.

요강

● 옥으로 만든 요강을 얻는 꿈

장차 신분이 고귀해지고 정신적인 사업 기반을 가지게 될 것이다.

● 요강에 앉아 볼일을 보는 꿈

재물을 얻게 되거나 사업이 크게 번성하여 큰 이득을 얻게 되는 것을 암시한다.

우유

● 우유를 마시는 꿈
경사와 행운을 가져올 꿈이다.

● 우유가 들어 있는 그릇이 공중에 둥둥 떠다니는 꿈
자신의 재능이나 실력을 직장이나 주변 사람들에게
보여줄 기회를 얻게 되는 꿈이다.

월계관

● 승리의 월계관을 머리에 쓰게 되는 꿈
원하던 곳에 들어가게 되거나 진학을 하게 되고, 승진,
명예를 얻고 사업적으로 큰 계약을 체결하게 되는 꿈
이다. 최고의 명예나 권리, 영광이 주어지며 크게 명
성을 떨친다.

웨딩드레스

● 미혼인 여성이 웨딩드레스를 입고 즐거워한 꿈
천생연분의 결혼 상대를 만나게 될 암시다. 혹은 사회
적으로 재능을 인정받고 직장에서의 역할도 커질 것
을 예시한 꿈이다.

위패

● 불단에 모셔진 위패에 정성 들여 공양물을 바치는 꿈
소원이 성취되고 경사가 생길 길몽이다.

● 아내의 위패가 절에 모셔지는 꿈
자신이 크게 출세하게 되거나 널리 명성을 떨치게 되는 꿈이다.

● 위패나 영정을 자신이 들고 있는 꿈
주변의 도움으로 훌륭한 배우자를 만나게 되거나 조력자나 협력자의 도움으로 사업에 이익이 생기는 꿈이다.

은장도

● 모르는 사람이 처녀에게 은장도를 주는 꿈
미혼은 좋은 인연의 사람을 만나게 되는 꿈이다.

● 은장도를 얻는 꿈
장차 고귀한 신분이 될 배우자를 만날 것이다.

● 은장도와 같은 칼을 몸에 지니고 있는 꿈
행운이 찾아오고 연인과의 관계도 문제없이 순조로워
진다는 것을 나타내는 꿈이다.

● 왕비의 것처럼 장식이 화려한 의자에 앉는 꿈
신데렐라처럼 결혼을 통해 신분이 상승될 것을 예시
한 꿈이다.

● 의자를 끌어당겨 책상 앞에 앉는 꿈
중요한 직책을 맡게 되고 자기 입지가 확고해진다.

● 주인 없는 빈 의자가 자기 집 마당에 놓여 있는 꿈
반가운 소식을 듣게 된다.

● 푹신한 소파에 앉아 누군가를 기다리는 꿈
사업상 귀인을 만날 꿈이다. 혹은 천생연분의 인연을
만나 결혼하게 된다.

● 하늘에서 용상이 내려온 꿈

앞으로 자손 중 하나가 국가적인 권리나 지위, 명예를 얻어 그를 따르는 많은 무리들을 거느리게 될 것이다. 혹은 많은 제자들을 거느릴 수도 있다.

이불

● 이불을 개는 꿈
지금까지의 일을 깨끗이 청산하고 새 생활을 시작하게 된다는 암시다. 직장을 옮기게 되거나 새로운 연인을 만나게 된다.

● 한 이불을 두 사람이 덮고 누운 꿈
사업을 하고 있는 사람이라면 동업자와 함께 일을 추진하면 성공할 것이다. 또는 좋은 동업자가 나설 것이다.

● 화려하게 수놓인 비단이불을 덮고 자는 꿈
행복한 결혼 생활, 사업의 번창, 출세, 부귀영화 등을 상징하여 금전적으로 풍요롭게 되는 꿈이다.

자루

● 먹을 것이나 귀한 것들로 자루 안이 가득한 꿈
큰 재물이 생기거나 사업적인 이득을 얻게 되는 꿈이
다. 재산이 늘고 얻는 이익이 클 징조다.

장갑

● 결혼식, 졸업식 등 행사에 끼는 하얀 장갑을 낀 꿈
조만간 중요한 사람을 만나거나 중요한 일이 일어날
것을 예시한다. 여기에 운전까지 하면 탄탄대로의 미
래를 향해 달려나갈 것을 예시한다.

● 스키 장갑을 사는 꿈
골치 아픈 돈 문제나 애정 문제가 해결될 조짐이다.

● 털실로 짠 장갑을 선물 받는 꿈
고민이 풀리고 여러 문제들이 해결되어 마음의 평온
을 찾게 된다.

● 털장갑을 새로 사서 끼는 꿈
형제간에 우애가 돈독해지고 누군가 당
신의 집안일에 큰 도움을 주게 될 것이다.

● **장롱 문을 활짝 여는 꿈**

새로 사업을 시작하게 되거나 취직하게 되어 새로운
일을 시작한다는 의미이다. 어떠한 계기로 인해 생활
습관이나 사고방식의 변화를 의미하기도 한다.

● **장롱 서랍이나 문갑을 열어 뭔가를 꺼내 보는 꿈**

기다리던 소식을 듣게 될 암시다.

● **장롱에서 옷을 꺼내고 있거나 어떤 귀중한 물건을
꺼내는 꿈**

자신의 능력을 인정받게 될 기회가 다가온다. 지위가
상승되고 사업이 번창하며 재물도 따르게 된다.

● **장롱에서 이불을 꺼내 펴는 꿈**

평화로운 생활의 상징이다. 별일 없이 순탄한 생활이
이어진다.

● **장롱이 방 안에 꽉 차 있는 꿈**

장롱이 방 안에 꽉 차 있는 만큼 살림이 펴게 될 것이

물건

다. 또는 결혼 생활이나 직장 생활이 행복해지고 도움을 주는 사람이 많이 생기게 될 것이다.

● 화려한 자개장롱을 보는 꿈
행복한 결혼 생활과 함께 부귀영화를 누릴 징조다. 귀인을 만나 명예가 높아지고 사업도 번창하게 된다.

쟁반 · 접시

● 쟁반에 가득하게 음식을 차려서 윗사람에게 대접하는 꿈
소망하는 일이 원만히 이루어지고 직장에 취직하게 되거나 원하던 학교에 입학하는 꿈이다.

● 쟁반에 과일이 가득 담겨 있는 꿈
큰돈이 들어오거나 경사가 따르게 될 길몽이다.

● 커다란 쟁반을 사 오는 꿈
좋은 가문의 유망한 청년으로부터 혼담이 들어올 뿐만 아니라 그 결혼은 이루어질 것이다. 또한 어떤 큰

사업 기반을 얻을 수 있게 된다.

저울

● 금은 저울을 얻어 가지는 꿈
장차 학자나 판사, 평론가, 비평가 등 누군가를 심판
하거나 작품을 심사하거나 하는 일에 종사하게 될 것
이다.

● 다른 사람에게서 저울을 넘겨받거나 얻게 되는 꿈
근래에 명성과 권세를 얻게 되는 꿈이다.

● 저울로 곡식을 다는 꿈
재물의 무게만큼 재물을 소유하게 되는 꿈이다.

종이

● 누군가 종이에 '大'자나 '王'자를 써 주거나 하늘에
그런 글씨가 나타나는 꿈
장차 태아가 큰 인물이 될 것을 암시하는 꿈. 한 단체
의 지도자나 한 분야의 최고 권위자가 될 수 있다.

● 오색의 색종이를 보는 꿈
재산이 늘거나 투자에서 이득을 보게 될 것을 암시한다.

● 종이에 적힌 메모를 읽고 있는 꿈
기다리던 편지가 올 징조다. 그리운 사람으로부터 편지가 올 수도 있고 반가운 소식을 알려주는 통지서 등일 수도 있다.

지폐

● 길에서 지폐를 줍는 꿈
일이 순조롭게 풀리고 돈이 돌게 될 길몽이다.

● 깊은 산속에서 기도를 하다가 눈을 떠 보니 넓은 바위 위에 지폐가 산더미처럼 쌓여 있는 꿈
사업이 번창하고 소망이 성취된다. 사업에 있어서도 예약과 주문이 쇄도하게 되어 물건이 없어서 못 팔 정도로 호황을 누리게 된다.

● 주인 없는 서류가방이 있기에 열어 보니 지폐가 가득 들어 있었던 꿈

주변의 인맥과 학연 등에 힘입어 고위직에 배치되고
부와 명예를 함께 누리게 된다.

차

● **자기 차에 어떤 사람이 치여 죽는 꿈**
생각지도 못한 곳에서 돈이 나오는 등 횡재수가 생길
수 있다. 혹은 사업에 활기를 주는 어떤 일이 성취될
것이다.

● **자동차에 치어 죽는 꿈**
시험에 합격하거나 누군가에게 청탁한 일이 이루어져
크게 기뻐할 일이 있을 것이다. 만약 차에 치이면서
통증을 느꼈다면 자신의 사업 기반이 누군가에 의해
영향을 받을 수 있다.

● **차에 시체를 싣고 달리는 꿈**
오래도록 재운이 트여 차분히 돈을 벌 수 있을 것이다.

● **탁 트인 길에서 직접 차를 몰며 드라이
브하는 꿈**

상쾌한 기분이었다면 조만간 행운의 기회를 만나 입신출세할 길몽이다.

참기름

● 큰 독에 들어 있는 참기름을 다 먹는 꿈
학문적으로 큰 진리를 깨우치거나 이념이나 사상 등을 전파하게 된다. 또는 사업이 성공을 거두게 된다.

● 참기름을 사오는 꿈
사 온 기름의 양과 비례하여 재물이 들어오거나 학문적 성과를 얻는 꿈이다.

책

● 상대방이 읽고 있는 책을 넘겨다보는 꿈
꿈에 나온 그 상대방의 의중을 살피게 될 일이 있다. 그가 만약 이성이라면 그 사람과 연애를 하게 될 것이다.

● 자기 방의 책장에 수백 권의 책이 가지런히 꽂혀 있는 꿈

엄청난 금전과 지식, 즉 부와 명예를 동시에 얻을 징조다.

물
건

● 책장에서 책이 우르르 쏟아져 책 더미에 깔리는 꿈
주식 투자, 부동산 등으로 큰 이익을 보거나 유산 상속 등으로 횡재를 하게 된다. 혹은 그동안의 연구가 성과를 보게 된다.

책상

● 높은 사람의 자리인 듯한 넓고 고급스러워 보이는 책상에 가서 앉는 꿈
자기가 속한 곳에서 최고의 자리에 오르게 될 길몽이다. 직장의 자기 부서에서 최고 책임자가 되거나 단체의 장, 대표가 된다. 입학시험에 무사통과하게 되고 취직도 문제없다. 선거에 출마했다면 당선된다.

초상화

● 어떤 사람이 자신의 초상화를 그려주거나 사진을 찍어주는 꿈

원하는 이성을 만나게 되거나 결혼을 하게 되는 꿈이
며 대인관계에 있어서는 친밀한 관계를 맺을 만한 좋
은 사람을 만나게 된다.

총

● 누군가 자기에게 권총을 겨누고 있다가 떨어뜨리는 꿈
지금까지 당신을 짓누르던 어떤 일이나 일거리가 성
취될 수 있는 기반이 마련될 것이다.

● 누군가 총을 쏴 자기를 맞추는 꿈
소원하던 일이나 어떤 계획이 잘 이루어질 수 있도록
어떤 방안이 생길 것이다. 만약 그 총알에 맞아 죽었
다고 느끼면 사업이 크게 성공할 것이다.

● 자기가 높은 지대에 올라 기관총을 난사하여 적병을
모두 쏴 죽이는 꿈
자신의 어떤 권리나 권력을 빌어 사업이나 일을 이루
게 될 것이다. 혹은 학연이나 혈연, 지연 등을 통해 어
떤 기관이나 사업체를 이용할 수도 있겠다.

침대

● 낯선 사람(남성의 경우에는 낯선 여자, 여성의 경우
에는 낯선 남자)이 자기 침대에서 자고 있어서 놀란 꿈
결혼상대자를 만나게 되고 사랑에 빠지게 된다.

● 새 침대를 방으로 들여놓는 꿈
좋은 사람을 만나 곧 행복한 결혼을 하게 된다. 또는
사업이 활기를 띠게 되고 직장에서도 능력을 인정받
고 승진을 하거나 중요한 자리에 배치 받게 된다.

카드

● 생일카드나 성탄카드, 신년하례 카드를 받는 꿈
업무상 중요한 사실을 알게 되거나 사업
상의 중요한 아이디어를 얻게 된다.

카펫

● 붉은 카펫 위를 걸어가는 꿈
사회적으로 혹은 국가적으로 어떤 명예를 얻게 될 것

이다. 이로 인해 권세가 주어질 수도 있다.

● 자신의 방에 붉은 카펫이 깔린 것을 보는 꿈
금전적으로 큰 이득이 생긴다.

코트

● 낡은 코트를 입게 되는 꿈
금전적으로 이득이 생기는 꿈이다.

트럭

● 트럭에 음식이나 짐승, 상품, 연료 등을 가득 실어
집으로 가져오는 꿈
큰 재물을 얻게 될 꿈으로 게을리 하지 않는 것이 좋다.

● 트럭에 짐을 가득 싣고 떠나는 꿈
사업체에서 만들 물건이 외국으로 수출되어 크게 성
공을 거두어 해외로 나가는 꿈이다.

● 트럭으로 소금을 운반해 와 풀어놓는 것을 보는 꿈

어떤 기관이나 투자자에 의해 사업 자금이 마련될 것이다.

필기도구

● 누군가로부터 만년필을 선물 받는 꿈
만년필을 선물한 사람이 윗사람이었다면 당신은 직위가 높아지거나 언론 등의 일에 관련한 일을 하게 될 것이고, 애인으로부터 선물을 받았다면 공직에 자리하게 되어 신분이 상승할 것이다.

● 샤프펜슬에 피가 묻어 있는 꿈
시험에 합격을 하거나 자신의 작품이나 저서로 크게 명성을 떨치게 된다.

● 펜이나 붓 끝에 꽃이 피는 꿈
작가라면 대문호가 되어 명성을 떨치고, 학자라면 학문이 경지에 달하게 될 길몽이다.

향로

● 향로를 보는 꿈

사업 자금이 생기거나 토지, 장사 밑천, 어떤 일에 있어서의 필요했던 자금 등이 생기게 된다.

● 돌무덤속에서 향로를 출토하는 꿈

새로운 아이디어나 일거리가 생기는 꿈으로 벌이는 일이 크게 성공하게 될 꿈이다.

허리띠

● 단추나 허리띠가 저절로 풀어지는 꿈

그동안 해결되지 않고 골치를 썩이던 문제가 해결되어 마음이 홀가분해질 행운의 꿈이다.

● 허리띠를 매는 꿈

직장에서의 위치나 사업의 기반이 튼튼해진다. 투자자나 관계기관의 협조를 얻을 수 있고 혹은 가까운 시일 내에 혼사가 있을 수 있다.

● 허리띠의 색깔이 화려하고 찬란하게 빛나는 꿈

신분이 높아지고 출세하게 되어 명예를 얻게 되는 꿈

이다.

화살

물건

● **자기가 쏜 화살이 사람에게 맞는 꿈**

이루고자 하는 어떤 소원이나 계획하는 일이 잘 이루
어질 것이다.

● **자신이 활을 쏘아 해를 맞춰 떨어뜨리는 꿈**

사업이나 추진하던 일, 원하는 소원이 이루어진다.

● **화살에 맞는 꿈**

수많은 사람 중에 자신이 선택되는 꿈으로서 입신출
세할 징조다. 관직에 오르거나 직장에서 높은 자리에
오르게 될 길몽이다.

● **화살을 품에 지니고 있는 꿈**

매사가 순조롭게 풀리게 되고, 경제적으로도 여유를
가지게 되며, 사회생활에 있어서도 안정된 지위를 누
리게 된다.

● 화살이 빗발치듯 자신에게 쏟아지는 꿈
뜻밖의 이득이나 행운이 찾아올 것을 암시한다. 인기
와 명성과 재물이 함께 찾아온다.

● 활을 쏘아 높이 나는 새를 맞춰 떨어뜨리는 꿈
높은 관직에 오르거나 명예를 얻게 될 것이다.

● 활을 쏘아 표적을 맞추는 꿈
소원하는 어떤 일, 즉 입학시험에 합격
하거나 원하던 곳에 취직이 되
거나 좋아하는 이성과 이루
어지게 된다.

● 활을 얻는 꿈
자신에게 큰 힘이 될 사람을 만날 조짐이다.

화장품

● 여러 개의 화장품을 늘어놓고 화장을 하는 꿈
신분이나 지휘 등이 바뀌거나 간판, 책, 명의 등을 변
경시켜 돋보이게 할 일이 생긴다.

● 평소 잘 알던 남성이 자신에게 화장품을 선물한 꿈

좀 뜻밖의 인물이라 하더라도 그 사람과 연인 관계로 발전하거나 그 사람으로부터 프러포즈를 받을 가능성이 있다. 평소에는 그저 친구나 동료로 생각했던 사람이더라도 이런 꿈을 꾸었다면 조금은 진지하게 생각해볼 것.

● 화장품을 사는 꿈

지위나 사업 등을 새롭게 할 자본이나 방도를 얻게 된다.

물건

제4장

동물

가물치

● 낚시를 하는데 장어나 가물치 같은 미끄러운 물고기가 낚싯대에 물려 올라오는 꿈
매우 어려운 일이 성공적으로 성사될 것을 예시한다.

개

동물

● 개 짖는 소리가 요란하게 들리는 꿈
명예를 만방에 떨칠 일이 생긴다. 자기 분야에서 일가견을 나타낼 길몽이다.

● 개가 땅보다 높은 자리에 앉아 있는 꿈
훌륭한 지도자가 될 것을 예시한다.

● 개가 마당을 파헤치는 꿈
뜻밖의 행운이 찾아 올 징조다. 또한 자신을 도와줄 협력자나 후원자가 생길 것을 암시하는 길몽이다.

● 자기 집 개가 강도를 쫓고 자신을 위험으로부터 구해주는 꿈

협력자나 신의가 깊은 친구 등의 도움으로 고비를 넘기고 재기하게 될 것을 예시한 꿈이다. 그간의 어려움이 해결되고 경제적으로 큰 도움을 얻게 된다.

● 자기 집 개가 새끼를 낳는 꿈
개뿐만 아니라 동물이 새끼를 낳는 꿈은 운세가 상승되고 경사가 겹칠 길몽이다. 가정적으로 풍요를 누린다.

● 자기 집 개와 남의 집 개가 교미하는 것을 보는 꿈
사업에 있어서 동업자가 나타나서 어려운 고비를 넘기게 되고, 거래나 계약이 목적한 대로 이루어진다. 그러나 조만간 부부간에 오해가 생길 것이라는 암시이기도 한다.

● 자신이 개를 죽이는 꿈
현실에서 어렵다고 여겨지던 어떤 일을 성사시키게 되거나 어려운 상황에서 빚을 갚을 일이 있다. 혹은 고시 같은 어려운 시험에 합격하여 입신양명하게 된다.

● 집을 나갔던 개가 되돌아오는 꿈
위태로운 고비를 넘고 일이 순탄하게 풀리며 이득을

얻게 될 징조다.

● 해질 무렵 개가 달려가는 것을 보는 꿈
기동취재 기자의 활약상이나 어떤 스파이나 탐정의
활동상을 보게 될 것이다.

● 흰 개가 자기 집 마당으로 들어오는 꿈
자신을 도와줄 동료가 생기거나 능력 있는 협조자가
나타나서 어려운 고비를 넘기고 이득을 얻는다.

개구리 · 두꺼비

● 개구리가 멋진 왕자로 변신하는 꿈
뜻밖의 기회에 자신의 능력을 인정받게
되어 높은 지위에 오르게 되고 재물을
얻게 된다.

● 개구리를 구워 먹는 꿈
엉뚱한 곳에서 좋은 결과나 이득을 얻게 된다.

● 개구리를 잡는 꿈

장사에서 큰 이득을 남기게 된다.

● 두꺼비가 길을 물어와 길을 알려주는 꿈
어떤 사물이나 사업 대상, 어떤 사람을 선도할 일과
관계하게 되거나 선행을 베풀어 복을 받게 된다.

개미

● 개미들이 큰 벌레나 음식 부스러기를 나르는 것을
본 꿈
주위의 여러 사람이 나서서 자기의 일이나 사업을 도
와주게 된다.

거머리

● 거머리가 다리 전체에 붙어 있는 꿈
큰 부자가 되어 사업을 벌이게 되고 많은 사람을 고용
하게 된다.

● 물속에 기어 다니는 거머리를 보는 꿈
인간관계가 좋아지고 부녀자와 연관되어 금전적인 이

익을 얻게 되는 꿈이다.

거미

● **거미에게 물리는 꿈**
어떤 사업가의 혜택을 받아 성공하게 된다.

거북이 · 자라

동물

● **거북이가 물이나 자신의 집으로 들어가는 꿈**
고급 관리가 되거나 그와 상응하는 지위를 얻게 되어
부귀를 누리게 된다.

● **거북이가 뱃길을 인도하는 꿈**
일을 하는 데 있어서 장애 없이 순탄한 길을 밟아 성
공에 이르게 된다.

● **거북이가 자기 집 우물 속에 들어와 있는 꿈**
재물이 많이 생기고, 큰 부자가 될 꿈이다.

● **거북이를 다치게 하여 피를 흘리게 한 꿈**

사업이 크게 성공하여 많은 돈을 벌게 된다.

● 거북이의 목을 잡는 꿈
기존 권세가나 세력가를 누르고 자기의 세력을 확대
시키거나 주도권을 잡을 것이다.

● 자라가 거북으로 변하는 꿈
계획하던 일이나 사업을 시작하여 큰돈을 벌거나 막
대한 재산이 생기게 된다.

● 큰 거북을 타는 꿈
정당 당수나 통치자, 혹은 기관장, 단체의 우두머리
등이 되어 부귀를 누리고 세력이 당당하게 될 것을 예
시한다.

게

● 물이 빠진 갯바닥에 물고기, 조개, 게 등이 기어 다
니는 것을 보는 꿈
정신적이고 물질적인 사업에서 많은 이득을 얻게 된다.

고래

● 고래가 바다에서 물을 뿜어내는 꿈
진행하고 있는 사업이 번창하게 되고, 새로운 아이디어를 통해 해외로 진출하게 되는 꿈이다.

● 바다에 빠져 고래의 뱃속으로 들어가는 꿈
직장인은 승진을 하게 되거나 큰 집을 소유하게 된다.

● 바다에서 고래가 뱃길을 인도해주는 꿈
위대한 협조자를 만나 자신의 사업을 도와주게 되고 사업이 잘 추진되어 많은 돈을 모으게 된다.

● 바다에서 수영을 하다가 고래를 만나는 꿈
자신에게 도움이 되는 조력자나 후원자, 귀인을 만나 원하던 일을 이루게 되고 횡재를 하게 되는 등 금전적으로 큰돈을 얻게 되는 꿈이다.

고양이

● 고양이가 높은 곳에 오르는 것을 보는 꿈

직장에서 승진을 하여 고위 간부가 된다.

● 고양이가 쥐를 잡는 것을 보는 꿈
본인이나 가족 중 누군가 재물을 얻게 될 것이다. 또한 골칫거리를 누군가 나서서 대신 해결해주게 될 것이다.

● 고양이를 죽이는 꿈
위기 상황에서 극적으로 벗어나게 된다. 그야말로 천만다행의 상황이다.

● 고양이에게 물어 뜯겨 고통을 느끼는 꿈
자신에게 유리한 어떤 권리나 지위가 주어진다. 만약 고양이에게 물린 곳에서 피가 났다면 다른 사람에 의해 명예훼손을 당하게 되거나 병에 시달리게 된다.

● 고양이의 눈빛이 유난히 빛나 보이는 꿈
누군가의 작품에 크게 감동을 받게 되거나 자신의 작품이나 창작물이 여러 사람들에게 감동을 주게 될 것이다.

● 가을 하늘에 고추잠자리가 무리 지어 나는 것을 보는 꿈

귀하고 아름다운 여성을 만나 경사가 있을 것을 예시한다.

● 곤충의 교미 광경을 보는 꿈

계획하던 일이 성과를 보거나 결연을 맺게 된다. 혹은 어떤 단체나 조직 사람들과의 연합과 관련한 일을 하게 된다.

● 거미줄에 걸린 곤충을 떼어내 준 꿈

어려움에 처한 사람을 도와주게 되고 문제를 해결해 줄 징조다.

● 구더기를 먹는 꿈

길이 열리고 행운이 펼쳐진다. 극복해야 할 문제에 대한 분명한 해답을 스스로 찾게 된다.

● 꽃에 나비가 앉아 있는 것을 보는 꿈

동물

미혼인 경우 연애를 하게 되거나 혹은 반가운 사람을 만나기도 한다.

● 나비 또는 잠자리 등이 알을 낳는 것을 보는 꿈
작가는 많은 소재로 이론을 정립하게 되어 새로운 이야기를 쓰게 되고, 사업가는 원래의 사업 외에 부수적으로 사업적 성과를 얻게 되어 재물을 쌓게 된다.

● 나비 여러 마리가 모여서 날아다니는 것을 보는 꿈
예상하지 못했던 경사가 생기게 됨을 예시한다.

● 누에가 고치를 만드는 것을 보는 꿈
결혼이 성사되고 결사, 조직, 건설 등의 일이 성립된다.

● 딱정벌레가 양쪽 종아리에 새까맣게 붙는 꿈
영업을 하는 사람이라면 딱정벌레의 수만큼 많은 고객들을 얻게 될 것을 예시한다.

● 많은 누에들이 있는 것을 보는 꿈
현재는 힘들겠지만 중년 이후에 부자가 되거나 사업에 성공함을 예시한다.

동물

● 말린 지네를 우연한 기회에 많이 가지게 되는 꿈
많은 재물이 들어오게 된다.

● 우물가에서 큰 구렁이와 지네들이 득실거리는 것을
보는 꿈
정신적 물질적 사업이 크게 성공하거나 사회사업가로
변신하게 될 것을 예시한다.

● 자신이 나비가 되어 여기저기 날아다니면서 꿀을 찾
는 꿈
예술가인 경우에는 훌륭한 작품을 쓰거나 완성시키게
되며, 인기인이 되어 이름을 떨치게 된다.

● 지네가 벽이나 나무 위를 기어오르는 것을 보는 꿈
승진이나 진급을 할 수 있다.

● 지네에게 물린 꿈
투자나 융자를 받을 일이 생기며 재물을 얻게 된다.

곰

● 곰을 죽여 웅담을 얻게 되는 꿈
국가고시에서 합격을 하거나 사업이 크게 성공을 거두어 사람들의 주목을 받게 될 것이다.

● 곰을 타고 길을 다니는 꿈
어떤 정당의 당수, 공공기관이나
단체의 우두머리 등이 된다.

● 곰이 나무에 기어오르거나 헤엄을 치는 꿈
자신이나 집안, 가족들 중 한 사람이 출세를 하거나 승진을 하여 권리를 행사할 일이 있을 것이다.

구렁이

● 꽃이 만발한 산꼭대기에서 아래로 뻗은 청색 구렁이를 보는 꿈
행정, 입법, 사법 등 삼부요인 중의 우두머리나 정당의 최고 권력자가 될 것을 예시한다. 그리하여 국가에 영광을 가져오거나 자신이 귀해질 것을 암시한다.

● 어떤 구멍이 있어 그 구멍을 쑤셨더니 큰 구렁이가

튀어나온 꿈
취직이 되거나 어떤 시험에 합격할 것이다.

● 자기 집 방문 위에 큰 황구렁이가 좌우로 몸을 쭉 펴고 턱 걸쳐 있고, 그 주위에 수천 마리의 작은 뱀들이 우글거리는 꿈
기업, 단체, 조직 등의 우두머리가 되어 많은 부하들을 거느리게 될 것이다.

● 자신이 큰 구렁이를 죽여 피가 나는 것을 보는 꿈
방해자나 자신의 뜻과는 다른 어떤 사람, 단체 등을 제거하여 일을 성취시키게 되어 큰돈을 벌게 된다.

● 큰 구렁이가 용마루로 올라가는 것을 보는 꿈
단체나 기관, 관청 등의 우두머리가 되거나 외국 유학을 가게 됨을 예시한다.

● 큰 구렁이한테 물려 아픔을 느끼는 꿈
훌륭한 배우자를 만나거나 자신을 도와줄 협조자를 만나 권리를 획득하거나 명예를 얻게 된다.

206 ● 좋은 꿈

기린

● 기린의 목을 잘라 죽이는 꿈

어떤 명예로운 일을 성취하여 이름을 널리 알릴 수 있을 것이다.

● 기린이 나무의 싹을 먹는 것을 보는 꿈

귀한 자리에 오르거나 국가고시 같은 시험에 합격할 것이다. 또한 미혼 남성이라면 아름다운 아내를 맞이할 것이다.

너구리

● 너구리 털을 얻거나 만진 꿈

어떤 업체나 단체로부터 일을 제의 받거나 일거리를 얻게 된다. 재물이 들어올 징조다.

● 산에서 너구리를 붙잡게 되는 꿈

관청, 공공기관이나 직장에서 인정을 받아 권리를 얻게 된다. 또한 재물을 얻어 안정된 생활을 하게 된다.

다람쥐

● 다람쥐가 나무에 오르는 것을 보는 꿈

직장에서 승진을 하거나 예술가라면 좋은 작품을 내게 된다. 이런 꿈은 대체로 인생의 운이 상승하게 됨을 나타낸다.

● 다람쥐가 입에 먹을 것을 물고 굴속으로 들어가는 꿈

자신의 재물을 위해 새로운 투자를 하거나 계획을 세울 기회를 얻게 되는 꿈

닭

● 닭이 나무 위에 오른 것을 보는 꿈

취직을 하거나 어떤 단체의 장이 될 것이다.

● 닭이 하늘을 날고 있는 꿈

입신출세하게 될 길몽이다. 또한 행복하고 편안한 결혼 생활을 하게 될 암시다.

● 새벽에 닭이 우는 꿈

추진하던 일, 소원, 소망 등이 이루어진다.

● 수탉이 우는 소리를 듣는 꿈
신분이나 직책, 관직이 높아져 명성을 떨칠 것이다.

● 암탉이 알을 품고 있는 꿈
창의력을 요하는 일에 종사하는 사람에게는 대단한 길몽이다. 획기적인 아이디어를 내어 각광을 받게 되거나 뜻밖의 횡재를 하게 된다.

● 암탉이 우는 소리를 듣는 꿈
자기 주변에서 기대하지 않던 사람이 성공을 하게 되거나 큰 부자가 되는 등 놀랄 일이 생긴다.

● 자기가 닭을 잡는 꿈
큰 횡재수가 생길 것이다. 혹은 자기의 작품이 어떤 심사 기관을 거쳐 대중 앞에 공개될 것이다.

● 자신이 기르는 닭의 주둥이를 자르는 꿈
자신이 추진 중이던 사업상 계약 또는 상담이 성사된다.

동물

돼지

● 길가에 돌아다니는 큰 돼지를 보고 그 꼬리를 손에 쥔 채 집으로 몰고 들어오는 꿈

흔히 눈먼 돈이나 임자 없는 돈의 주인이 될 것을 예시한다. 복권 등에 당첨될 수도 있다.

● 꿈에 돼지 두 마리를 잡았는데 뼈만 먹는 꿈

돼지 두 마리를 잡은 것은 두 군데의 재물을 처리한 끝에 그 일부를 얻어먹을 일이 있거나, 작품 등을 써 냈으나 골자만 발표되는 일과 관계하게 된다.

● 널따란 돼지우리 안에서 흰 돼지가 새끼를 여러 마리 낳는 것을 직접 손으로 받아내는 꿈

유산 혹은 다른 사람의 양도에 의해 얻어진 사업체를 크게 번성시키거나 다른 사람의 작품을 넘겨받아 성공하게 되어 큰 재물을 쌓게 될 것을 예시한다.

● 돼지 떼가 나타나 길을 막는 꿈

횡재할 꿈이다. 이 꿈을 꾸었다면 아무에게도 말하지 말고 복권을 사는 것이 좋다.

동물

● 돼지 머리고기를 올려놓고 고사 상을 차리는 꿈
소원이 성취되고 건강을 되찾게 된다.

● 돼지가 공중에서 자기를 향해 떨어지는 바람에 돼지
에 깔려 혼이 난 꿈
무심코 한 행동이나 별로 기대를 갖지 않고 벌인 사업
에서 의외의 좋은 결과를 볼 수 있다는 암시다.

● 돼지가 새끼를 낳는 꿈
주가가 오르거나 이율이 오르는
등 가만히 있어도 재산이 늘어
날 징조다. 낳은 새끼가 여러 마
리일수록 들어오는 재물도 크다.

● 돼지가 자기의 치마를 물고 흔들며 놓지 않는 꿈
미혼 여성이 이런 꿈을 꾸었다면 장차 부자가 될 사람
과 결혼을 하게 되어 편안한 삶을 살게 된다.

● 돼지가 자신을 졸졸 따라오는 꿈
시험에서 좋은 결과를 보고 각종 추첨에서 행운을 얻
게 된다. 좋은 직장을 얻게 되고 가만히 있어도 재물

이 따라붙는다.

● 돼지들이 교미하고 있었던 꿈
현재 하는 일이 크게 성공할 것을 예시하는 꿈이다.

● 돼지를 죽이려고 자빠뜨려 놓는 꿈
계획하는 일이나 사업이 크게 성공할 것을 암시한다.

● 돼지를 해치러 오는 사자를 잡는 꿈
계획한 일의 장애물이 사라지고 결과가 좋게 진행되며
임산부의 경우 건강하고 순조로운 출산을 하게 된다.

● 돼지에게 물리는 꿈
권리나 명예, 지위, 재물 등을 얻게 될 것을 예시한다.

● 두세 마리의 큰 돼지가 자꾸 쫓아와 억지로 자기 집
우리 속으로 들어오는 꿈
각고의 노력과 역경 끝에 상당한 재물을 얻어 사업 자
금을 마련하게 된다. 또한 생각지 못했던 횡재수나 행
운이 있을 것이다.

● 바닷가에서 그물로 고기를 잡는데 난데없이 돼지가 잡혀 올라오는 꿈

큰 사업체에서 어떤 방도나 협력자가 생겨 생각지도 못한 큰돈을 벌게 될 것을 예시한다.

● 수레나 트럭에 여러 마리의 돼지를 싣고 가는 꿈

직장에서 중책을 맡게 되고 공직에 있다면 권력을 쥐게 된다. 명예와 아울러 재산이 크게 불어날 꿈이다.

● 수많은 돼지들이 집 주위를 맴돌다가 갑자기 자기 품으로 돼지 몇 마리가 달려들어 엉겁결에 넘어지면서 돼지 다리를 잡는 꿈

크게 횡재를 하거나 생각지 않은 재물을 쌓게 될 것이다.

● 어미 돼지가 희고 검은 점이 있는 새끼 돼지 여러 마리에게 젖을 먹이는 것을 보는 꿈

사업이 번성하여 여러 사업체를 거느리게 될 것이다.

● 오물이 묻은 더러운 돼지를 덥석 안는 꿈

오물이 묻은 돼지를 안고도 기분이 좋았다면 크게 횡재를 하게 될 것이다.

● 자기 집 돼지우리에서 많은 돼지들이 놀고 있는 것을 본 꿈

인적자원이나 어떤 작품 따위를 어떤 장소에서 키우거나 증식하고 간수해두는데, 그것들은 물질적·정신적으로 막대한 재산으로 환산되기도 한다.

● 자신이 돼지우리에 들어가 돼지와 함께 생활한 꿈

길몽 중의 길몽. 재물이 쏟아져 들어와 엄청난 부자가 되고 호화로운 저택에서 부유한 생활을 하게 된다.

● 자신이 큰 돼지와 싸워서 이기는 꿈

큰 횡재를 상징하는 꿈으로 복권에 당첨되거나 뜻하지 못했던 유산을 받아 재물이 생기게 된다.

● 중간 크기의 새까만 돼지가 자기 다리에 몸을 비벼대는 꿈

자수성가하여 의식주가 풍족하게 될 것을 예시하며 어떤 행적이나 업적을 뚜렷이 남길 것이다. 또한 행정직 공무원으로 출세할 수도 있다.

동물

● 지하실과 초가지붕 위에서 돼지들이 요동을 쳐서 지붕이 들썩거리는 것을 보는 꿈

어떤 횡재수가 생기거나, 직장에서 승진한다. 어떤 권리나 명예, 명성 등을 획득하여 집안에 떠들썩한 경사가 나게 될 것을 예시한다.

● 커다란 돼지가 안방에 들어와 앉는 꿈

집안에 경사가 생기거나 재물이 쌓일 것을 예시한다.

● 커다란 돼지가 새끼들을 끌고 집으로 들어오는 꿈

여러 마리가 집 안으로 들어오는 꿈이라면 그만큼 횡재수가 크다. 큰 재물을 쌓게 될 것을 예시한다.

● 한 마리의 돼지가 여러 마리의 돼지로 변하는 꿈

기혼 여성이 이런 꿈을 꾸면 남편의 사업이 번창하여 많은 재산을 소유하게 될 것이다. 상인은 장사가 번창할 것이며, 과학자는 새로운 아이디어로 창조적인 작업을 성취시킬 수도 있을 것이다. 작가라면 여러 좋은 작품을 창작하게 될 것이다.

● 경마장에서 경마를 관람하는 꿈

뜻이 맞는 동업자나 좋은 파트너를 만나게 될 징조다.
이와 함께 아파트 당첨이나 복권 당첨이 암시되며 이
밖에도 각종 경매나 경쟁에서 유리한 위치를 차지하
게 된다.

● 날개 달린 말이나 특이한 말을 타고 공중을 나는 꿈

어떤 분야에 종사하는 사람이든 그 분야에서 성공하
게 됨을 의미한다.

● 누군가로부터 말을 얻어 집으로 끌고 들어오는 꿈

관계기관이나 관청, 협력자의 도움으로 사업이 크게
번성하여 큰돈을 벌게 된다.

● 말고삐를 잡고 말을 끌고 가는 꿈

돈이나 부동산 등이 생겨 넉넉해질 징조다. 어떤 일을
펼쳐보고 싶었는데 자금 문제로 하지 못했었다면 이
꿈을 계기로 하고 소원을 성취할 수 있게 된다.

● 말에 안장이 없는 꿈
사업 자금이나 기반을 얻게 되거나 여행할 일이 생긴다.

● 말에게 물리는 꿈
어떤 단체나 그룹, 세력 등에서 자신을 끌어가기 위해
접촉해올 것이다. 또한 장차 어떤 관직에 앉게 되거나
세력을 잡는 등 입신양명을 할 수도 있다.

● 말을 타고 가는데 여러 사람이 우러러보거나 절을
하는 꿈
그만큼의 권세와 지위가 자신에게 주어진다. 어떤 집
단이나 단체의 우두머리가 되어 많은 사람을 거느리
거나 다스리게 되고 그로 인해 권세를 얻게 된다.

● 말을 타고 경쾌하게 질주하는 꿈
길몽 중 길몽이다. 하고자 하는 일이 순조롭게 진행되
며 소원을 이루게 된다.

● 말을 타고 산을 오르는 꿈
입신양명과 함께 신분 상승을 의미한다. 이런 꿈을 꾸
면 어떤 사회단체나 여러 사람의 추대를 받아 권력을

동물

얻게 되거나 진급, 승진 등을 하게 된다.

● 말을 타고 장가를 가는 꿈
길몽이다. 지금 실업자라면 취직을 하거나, 직장인이라면 승진을 하게 되고 동시에 금전적으로나 신분상의 상승이 있게 된다. 또 정치인이라면 선거에서 이기게 되고, 사업가라면 새로운 사업을 시작하여 여유 있는 생활을 하게 될 좋은 꿈이다.

● 말이나 소에 싣고 가던 짐이 자꾸만 줄어드는 꿈
자신을 짓누르고 있는 문제가 점차 해결되어간다.

● 미혼인 여자가 잘생긴 말을 타고 유유히 가는 꿈
결혼에 대한 강한 암시로서 천생연분의 남성을 만나 훌륭한 결혼을 하게 될 징조다. 만약 일자리를 구하고 있었다면 무난히 취직을 하게 되는 꿈이다.

멧돼지

● 산에서 멧돼지를 잡아 가지고 집으로 돌아오는 꿈
사업적인 부분에 있어서 생산, 유통, 무역업 등에 투

동물

자하여 성공을 거두게 되는 꿈이다.

● 멧돼지를 타고 높은 산으로 올라가는 꿈
경제인이나 경제학자가 되어 세상에 이름을 떨치는
꿈으로 합격, 당선, 명예, 소원성취 등을 암시한다.

물개

● 물개가 밖으로 나왔다가 다시 큰물로 들어가는 꿈
사업이나 일, 직장 등에서 현재는 고생이 막심하지만
말년에 가서는 크게 성공하여 유복한 생활을 하게 될
것을 예시한다.

● 물개를 잡는 꿈
예상하지 못했던 큰돈이 생긴다. 물개가 자신에게 가
까이로 오면 바라던 취직이 되거나 미지의 여인과 연
인 사이로 발전할 일을 상징하기도 한다.

● 물개를 껴안는 꿈
예상하지 못했던 결과를 얻게 되고 진행하던 일의 계
약이 이뤄지게 된다.

● 물속에서 나온 물개를 죽인 꿈
진행하던 일이나 사업에 발생된 문제나 장애 요인을
제거하게 되는 꿈이다.

● 물개가 바다에서 떼를 지어 다니는 꿈
어떤 단체에서 집단적으로 훈련을 받게 되는 것으로
지방공연, 출장, 여행 등을 암시한다.

동물

물고기

● 가파른 언덕에 올라 아래를 보니 강물에 수많은 물
고기가 있는데 어느새 가까이 가서 그중 제일 큰 물고
기를 잡는 꿈
사업이나 추진하는 일, 작품 활동, 승진과 같은 일에
수많은 난관에 부딪치지만 결국에는 모두 이겨내고
승리하게 됨을 예시한다.

● 강물이 한가롭게 흐르는 다리 아래에서 친구들이 물
고기를 잡는 것을 보는 꿈
현실에서 친구들과의 사이가 좋아지며 우등생이 되는
꿈이다.

● 강에서 물고기가 알을 낳는 것을 보는 꿈
그동안 이루어지지 않던 소원이 성취되고 재물이나
돈 등이 모여 풍요로운 삶을 살게 된다.

● 강에서 낚시를 하여 커다란 붕어 한 마리를 낚아가
지고 오는 꿈
노력 끝에 어떤 방도를 얻어 기관이나 회
사 내부의 권리나 직책을 얻게 된다. 그
리하여 정신적 물질적인 재산이나
작품, 이권 권세를 획득하게 된다.

● 강에서 잉어를 잡아 우물이나 연못에 넣는 꿈
크게 출세할 일이 생기거나 직장에서 승진을 하게 된
다. 공직에 있는 사람은 크게 명예를 얻을 일이 있다.

● 길을 가다가 맑은 물에서 큰 붕어가 노는 것을 보고
잡아 양동이에 담아가지고 오는 꿈
사상이나 학문, 문화 등과 관련된 사업 부문에서 큰
성과를 얻게 될 것이다. 붕어가 크면 클수록 큰 성과
를 얻게 된다.

● 물고기가 가득한 연못을 본 꿈

큰 이득과 행운이 찾아올 예시이다.

● 물고기가 배 안으로 뛰어드는 꿈

사업이나 추진하는 일, 작품, 직장 등에서 크게 성공
하여 출세를 한다. 혹은 많은 재물을 얻게 된다.

● 물이 가득한 방 안에서 물고기가 노는 것을 보는 꿈

사상, 문학, 사업 등에서 성공하여 재물을 쌓게 된다.

● 바다에서 상어 떼가 노는 것을 보는 꿈

사업이 잘 추진되어 부와 명예를 얻게 되고, 권세나
명예를 얻게 된다.

● 수많은 복어 떼를 만나 낚시로 잡는 꿈

큰 횡재가 있는 꿈이다. 복권을 한번 구입해도 좋다.
복권에 당첨되어 뜻하지 않던 많은 돈을 얻게 되거나
횡재수가 생겨 재물을 쌓게 된다.

● 유유히 헤엄치는 물고기를 보고 있었던 꿈

신중히 때를 기다리고 있음을 암시한다. 가까운 장래

동물

에 본격적인 일을 시작하여 성공을 거두게 된다.

● 이전에 잡히지 않던 낚싯대에 싱싱한 물고기가 걸려
나오는 꿈
목표하고 있던 계획이나 사업이 성공을 이루게 되고,
연애가 결실을 거두게 되며 준비하고 있는 시험에 합
격하게 된다.

● 잉어가 구렁이나 용으로 변한 꿈
사업이나 저작물 등을 표상하여 처음 시작은 잉어로
상징되는 어떤 작품이 결국엔 큰 구렁이나 용으로 상
징되는 큰일을 이루어낼 수 있음을 예시하는 꿈이다.

● 자신이 낚시질을 해서 물고기를 잡는 꿈
치밀한 계획 아래 사업을 벌여 돈을 벌거나 자신에게
도움을 줄 사람을 만나게 되거나 일을 얻게 된다. 이
때 낚싯줄이 길면 길수록 계획하던 일을 착수한 이후
빠른 시일 안에 성취되며 많은 재물을 얻게 된다.

● 물고기가 되어 바다 속을 마음대로 헤엄치는 꿈
출세하게 되거나 어떤 사건의 진상 조사를 하게 되거

동물

나 학문 연구, 탐험 등을 하게 된다.

● 저수지에서 많은 물고기를 잡는 꿈
추진하던 사업이 이루어지게 된다. 또는 횡재수가 있으므로 복권을 사는 것도 좋다. 예상치 못하던 돈이 생기고 부유하게 될 일이 생긴다.

● 커다란 물고기가 그물에 걸려 힘차게 퍼덕이는 꿈
사업상 큰 이익을 남기게 되고 목돈이 들어올 조짐이다. 재산이 불고 엄청난 행운이 따른다.

● 팔뚝만 한 큰 물고기들이 봇물 위에 떠오르는 것을 보는 꿈
사업체나 어떤 일이 결국 크게 성공하여 많은 재물을 쌓게 되거나 어떤 막대한 권리나 이권, 명예 등을 획득하게 될 것이다. 이 꿈을 꾸고 복권에 당첨된 사례도 있다.

뱀

● 문틈으로 여러 마리의 뱀이 들어오는 꿈

여성이라면 남자 복이 많아 앞으로 여러 남자들을 만날 수 있을 것이다. 남자가 이런 꿈을 꾸었다면 신변에 어떤 위험이 닥칠 것을 예시하는 것이다.

● 뱀에게 물려 온몸에 독이 퍼지는 꿈
재물을 얻을 징조다. 굵고 힘이 세 보이는 뱀에게 물렸을수록 이득도 많아진다. 독을 짜내면 복권 당첨 등의 일로 실현되는 경우도 있다.

● 뱀을 죽이는 꿈
목적하던 바를 이루고 재산을 얻게 된다. 또한 자신에게 해가 되는 사람이나 세력을 제거하게 된다.

● 뱀을 활로 쏘아 적중시키는 꿈
하는 일에 실수나 방해 없이 척척 맞아떨어지고, 만사형통한다.

● 뱀이 나무 밑에서 위로 기어 올라가는 꿈
매사가 순조롭게 풀릴 조짐이다.

● 뱀이 몸을 휘감았는데도 두렵지 않았던 꿈

동물

큰돈이 들어오고 재산이 늘어날 징조로서 길몽이다. 직장인은 승진운이 트인다.

● 뱀이 자기 품안으로 들어오는 꿈
매우 재수가 좋은 꿈이다. 금전적인 이득과 이권을 얻어 사업이 날로 번창할 징조다.

● 뱀이 칼을 삼키는 것을 본 꿈
공직에 나아가거나 승진을 하게 될 것이다.

● 뱀이나 도롱뇽의 알을 먹는 꿈
큰 부와 명예를 얻게 된다.

● 실뱀이 우글거리는 꿈
어학 쪽으로 소질이 있는 딸을 낳게 될 것이다. 언론이나 동시통역사 등에 재능을 보일 것이다. 흰 뱀이나 꽃뱀처럼 색과 무늬가 아름다운 뱀이 나오는 꿈도 마찬가지다.

● 자신이 뱀을 삼키는 꿈
권력과 강한 힘을 거머쥐게 될 것을 상징한다.

벌

● 벌, 모기 및 기타 해충을 손바닥으로 때려잡는 꿈
악한이나 방해되는 일을 개인 또는 단결된 힘으로 소
탕하거나 방해자를 제거하게 된다.

● 벌떼가 꽃에 모여드는 꿈
집안에 큰 경사가 있어 많은 손님들이 몰려들 것이다.
혹은 자기의 작품에 대한 호평이 이어질 것이다.

● 벌을 잡는 꿈
사업에서 큰 이득을 남길 징조이며 뭔가 승부를 거는
일에 있어서 이기게 된다.

사슴

● 깊은 산 속에서 사슴들이 뛰노는 것을 보는 꿈
앞으로 국정(國政)에 참여하여 사회적으로 큰 업적을
남기게 된다. 혹은 직장에서 크게 승진하여 경영에 참
여하여 크게 성공하게 된다.

● 사슴뿔을 얻는 꿈
큰돈을 벌게 되거나 사업상 좋은 방안을 구할 수 있을 것이다. 학생이라면 우등상이나 학위 수여를 받는다.

● 사슴이나 노루가 집 안으로 들어오는 꿈
관직에 오르거나 미혼 남성이라면 아름다운 여인을 만날 수 있다.

● 사슴이나 노루의 고기를 먹는 꿈
사업이나 추진 중인 일을 크게 확장시키게 되거나 학문적인 연구의 성과를 얻게 될 것을 예시한다.

● 산 속에서 갑자기 나타난 사슴을 잡는 꿈
국가에서 치르는 각종 시험이나 취직, 임용 시험 등에서 우수한 성적으로 합격하게 된다.

● 살아 있는 사슴을 죽이는 꿈
관청이나 공공기관, 직장에서 승진하거나 소원이 이루어진다.

● 여러 사람들과 함께 사슴을 쫓고 있었는데 결국 자신이 잡는 꿈
단체 속에서 자신이 인정을 받게 된다.

● 사슴을 타고 푸른 숲 속으로 들어간 꿈
승진이나 당선 등으로 성공을 암시하는 길몽이다.

● 사슴과 함께 푸른 벌판에서 뛰어놀았던 꿈
연애운이 상승하게 된다. 애인이 생기거나 멋진 연인을 만나게 되는 꿈이다.

새

● 공작새가 자기에게 강한 빛을 비춰 눈이 부셨던 꿈
미혼 남성의 경우 머지않아 자신의 이상형인 여성을 만나 사랑을 받게 될 것이다. 또는 독특한 자신만의 작품을 발표하여 세간의 주목을 받게 될 것이다.

● 공작새가 화려하게 날개를 펴는 것을 보는 꿈
머지않아 부귀영화를 누리게 될 것이다. 혹은 자신의 권리나 권한이 커져 사람들에게 존경을 받게 될 것이다.

작가는 훌륭한 작품으로 사람들을 감동시킬 것이다.

● 공작새를 소유하는 꿈
미혼자라면 이상적인 여성이나 남성을 만나게 되고,
작가나 학자라면 작품이나 연구에 있어 성과를 얻게
된다.

● 기러기 떼가 자기 집 논에 앉는 것을 보는 꿈
먼 곳에서 손님이나 반가운 소식이 온다. 또한 먹고사
는 데 아무 걱정 없이 살게 될 것이다.

● 논이나 밭에 백로나 백조가 무리 지어 있는 것을 보
는 꿈
재물이 쌓여 생활이 윤택해지고 자신에게 도움을 줄
협조자나 귀인을 많이 만나게 될 것이다.

● 높은 나뭇가지에 새가 앉아 있는 꿈
혼담이 오가게 된다.

● 까마귀와 까치 떼가 동물의 죽은 시체나 송장을 파
먹는 것을 보는 꿈

사업이 번창하여 종업원이나 직원들을 더 많이 쓸 일이 생길 것이다. 혹은 집안에서 큰 잔치를 벌여 많은 손님들을 대접할 일이 있을 것이다.

● 까치가 나무에 집을 짓는 것을 보는 꿈
뜨내기 같은 사람이 찾아와 도움을 줄 일이 생긴다.

● 꾀꼬리를 붙잡는 꿈
남성이 이런 꿈을 꾸게 되면 아름다운 여성을 만나게 된다. 혹은 권위나 명예 등을 얻게 된다.

● 독수리를 타고 하늘을 날아다니는 꿈
매사가 순조롭게 진행될 징조이며 부귀를 얻을 암시다. 그러나 독수리를 타고 날아다닌 곳이 하늘나라의 꽃밭, 낙원 등을 연상케 하는 곳이었다면 죽음에 대한 예지일 수 있다.

● 맑은 하늘에 기러기가 떼 지어 하늘 높이 V자형으로 날아가는 것을 보는 꿈
길몽이다. 사업이나 추진 중인 일, 단체 등이 크게 번성하게 되거나 어떤 경쟁적인 상황에 놓인 일이 승리

하여 여러 사람들에게 과시할 일이 생긴다.

● 매가 작은 새를 잡는 것을 본 꿈
기발한 아이디어가 떠올라 일을 성사시키게 된다.

● 매를 본 꿈
일에서 성공을 거두고 많은 사람의 존경을 받게 된다.

● 물새가 나는 것을 보는 꿈
사업을 도와줄 사람이 나타나게 될 것이다. 혹은 집안
의 어려운 일을 해결해줄 사람이 나설 것이다.

● 물새가 배의 갑판 위로 내려앉는 꿈
대길하게 될 좋은 꿈이다. 어떤 일을 시작해도 전망이
밝을 것이다.

● 병아리 우는 소리가 시끄러웠던 꿈
예술가나 연예인이라면 이보다 더한 길몽이 없을 정
도이다. 보통 사람의 경우에도 직장이나 단체에서 많
은 사람들의 신임과 사랑을 받게 된다.

동물

● 비둘기를 본 꿈

행운과 경사가 따를 징조다. 특히 흰 비둘기는 매우 상서로운 길조이다.

● 산속에서 뻐꾸기나 두견새를 보는 꿈

먼 곳에서 기다리던 손님이 찾아와 반가워할 일이 생긴다. 만약 그 새들의 울음소리를 들었다면 평소의 소원이나 추진하던 일 등이 잘 이루어지게 된다.

● 산속에서 뻐꾸기나 두견새의 알을 얻는 꿈

뜻밖의 귀한 물건을 얻게 되거나 어떤 물건이나 사물에 대한 권리, 이권 등이 생기게 된다. 또한 재물이 들어와 생활이 윤택해진다.

● 산에서 꿩알을 발견하여 갖는 꿈

직장에서 승진을 하게 되거나 좋은 아이디어를 내 큰일을 이루게 된다.

● 산에서 꿩을 잡는 포수의 총소리를 듣는 꿈

중매인이나 중개인 등의 사람으로부터 일이 성사되었다는 소식을 듣게 된다.

동물

● 새 떼가 날아와 방 안에 들어오는 꿈

운동선수가 이런 꿈을 꾸면 훌륭한 후배를 키워내는
지도자가 될 것을 예시한다.

● 새를 두 손으로 잡는 꿈

소득과 이익이 생길 것을 암시한다. 또한 사랑하는 사
람의 마음을 붙잡는 것을 상징한다.

● 새에게 먹이를 주는 꿈

어떤 사람에게 감화를 주어 그 사람을 자신의 사람으
로 만들 수 있을 것이다. 혹은 좋은 일거리를 자신의
것으로 만들게 될 것이다.

● 새장 안에 꿩이 있는 것을 본 꿈

물질적인 행운보다는 정신적으로 기쁜 일이 있을 것
을 예시한다. 윗사람이나 기관 등의 도움으로 직장인
은 승진을 하게 되고, 정치인이라면 명예를 얻게 된다.

● 수많은 참새가 무리 지어 나는 것을 보는 꿈

자신의 부하직원들이나 고용인들이 자신의 뜻대로 잘
움직여주어 일이 원활해진다. 예술가라면 많은 작품

동물

을 발표하여 명성을 얻게 된다.

● 여러 마리의 병아리가 알을 깨고 나오는 꿈
수입과 재산이 늘어날 예시이다. 또는 가족이 늘어날
예시의 꿈이다.

● 자기가 독수리가 되어 새를 잡는 꿈
큰 권력을 얻게 되어 누릴 수 있는 모든
자유를 누리며 사람들을 자기 것으로
할 수 있게 될 것이다.

● 제비가 집을 짓고 새끼를 치는 꿈
기쁜 소식이 들려올 것이다. 혹은 가업이 번창하거나
사업을 시작하게 될 것이다.

● 제비를 붙잡거나 앞에서 부딪쳐 오는 꿈
큰 횡재수가 있을 것이다. 또한 영리하고 재주 있는
자손을 보게 됨을 예시한다.

● 지붕에 봉황을 새겨 넣는 꿈
지위가 높아지고 명예를 떨칠 징조다. 혹은 획기적인

아이디어로 세상의 이목을 집중시킬 조짐이다.

● 큰 독수리가 하늘을 날며 아래를 쳐다보고 있는 것을 보는 꿈

어떤 일에 있어 용기와 힘으로 여러 사람을 다스리거나 지휘할 높은 직위를 갖게 됨을 예시한다.

동물

● 학이 공중에서 우는 꿈

계획했던 일이 잘 이루어질 뿐만 아니라 집안일이 잘 풀려나가게 될 것이다. 또 자기의 지위나 명성이 높아질 수도 있다.

● 학이 무리 지어 노는 것을 보는 꿈

장차 높은 공직에 오르거나 사업을 크게 하게 될 것이다. 또는 위대한 학자가 되어 많은 제자들을 거느리게 될 것이다.

● 학이 하늘 높이 나는 것을 보는 꿈

학문, 작품, 관직 등에서 크게 출세하여 높은 지위에 오르거나 큰 명예를 쌓게 된다. 또한 사업이나 추진 중인 일이 크게 성공하여 많은 재물을 쌓게 된다.

● 한 쌍의 원앙새를 보는 꿈

헤어진 부부는 다시 재결합을 하게 되고, 결혼을 앞둔 사람이라면 앞으로 배우자와 행복하고 다정한 결혼 생활을 유지해나가게 됨을 예시한다.

소

● 가족 중 하나가 소를 몰고 나가 논밭을 가는 꿈

꿈속의 그와 동일시되는 어떤 사람에 의해 새로운 사업이나 개척 사업이 추진될 것이다. 혹은 어떤 책을 공동집필하고 있음을 암시하는 꿈이다.

● 넓은 들판에 황소가 매어져 있는 것을 보는 꿈

넓은 들판처럼 큰 세상에서 사업이나 일 등을 통해 자수성가하게 될 것을 예시한다.

● 누군가 소 등에 짐을 싣고 집으로 오는 꿈

짐을 싣고 오는 그 사람, 혹은 그 사람과 동일시되는 사람이 사업 자금을 투자하거나 재물을 들여올 것이다. 만약 그 짐이 목화솜이나 천이라면 토지, 권세, 명예, 사업 자금 등이 생기게 될 것이다.

● 말이나 소에 싣고 가던 짐이 자꾸만 줄어드는 꿈
자신을 짓누르고 있는 문제가 점차 해결되어간다.

● 목장에서 많은 소들이 풀을 뜯어먹는 꿈
많은 고용인을 두거나 그만큼 큰 규모의 사업체를 갖게 될 것이다.

동물

● 바닷물에 많은 소가 죽어 있어 그 죽은 소들을 건져내는 꿈
사업이나 추진하던 일, 바라던 소망 등이 성취되어 재물이나 이권, 권리 등을 얻게 될 것을 예시한다.

● 소가 똥오줌을 싼 것을 별 불쾌감 없이 보는 꿈
재물이 생길 것이다. 혹은 어떤 일에 있어 결실을 보게 될 것이다. 경제적으로 도움을 줄 협력자를 만나게 될 징조다.

● 소가 사람처럼 말을 하는 꿈
가까운 사람과의 인간적인 유대가 좋아지고 정신적 물질적으로 힘이 되어줄 사람을 만나게 될 암시다.

● 소 등에 올라타고 길을 걷는 꿈

가족 중 한 사람 또는 믿을 만한 어떤 사람의 도움으로 명예를 얻거나 권력, 권세를 얻게 될 것이다. 혹은 어떤 일을 잘 처리할 수 있을 것이다.

● 소를 끌고 높은 산에 오르는 꿈

일이 크게 성공하여 만방에 이름을 떨치게 될 것을 암시하는 것이다.

● 소를 몰아다 집의 쇠말뚝에 매어놓는 꿈

재물의 횡재수가 있거나 집안에 며느리나 고용인을 새로 맞아들이게 될 것을 예시한다. 또한 어떤 협조자나 인적 자원의 도움을 받아 어떠한 권리나 명예, 재물 등을 획득하게 된다.

● 소를 죽이는 꿈

경사스러운 일이 생길 꿈이다. 그동안 해오던 사업을 확장하거나 추진하던 일이 바라는 대로 잘 이루어지고, 현재 어려운 상황에 놓인 사람이라면 어려운 난관을 헤쳐 나갈 수 있게 된다.

● 소의 등에 소금을 싣고 집 안으로 들어오는 꿈
중년 이후에 가서 사업을 하게 되며, 사업이 크게 번
창하여 풍요로운 말년을 보내게 된다.

● 쇠뿔에서 피가 뚝뚝 흐르는 꿈
명예와 재물을 얻게 될 징조다. 실직자라면 좋은 회사
에 취직하게 되고, 직장인이라면 좋은 부서로 발령이
나거나 승진하게 되며, 사업하는 사람은 좋은 기회를
잡게 된다.

● 여러 마리의 소를 기르고 있는 꿈
재산상의 큰 이득과 사업의 성공이 확실시되는 꿈이다.

● 외양간에서 큰 암소를 끌어내 말뚝에 맨 꿈
충직한 부하직원을 얻게 되어 믿고 맡길 수 있게 되며
더불어 자신의 지위도 높아지게 된다. 노인일 경우에
는 참한 며느리를 얻어 행복을 누리게 된다.

● 집에서 기르던 소가 새끼를 낳는 꿈
재산이 불어나고 집안이나 가족 구성원에게 경사가
따르며, 하고 있는 일에서 성공을 거두고 큰 이득을

동물

보게 될 암시다.

● 커다란 소가 자기 집 마당으로 들어온 꿈
예기치 않은 이득과 행운의 기회를 잡게 된다. 인기와
명예를 얻게 되며 큰 횡재를 하게 된다.

● 털에 윤기가 흐르는 잘생긴 소를 보는 꿈
자신의 현재 위치에서 두각을 나타내어 큰 성공을 거
두게 되고 지위가 높아지며 재물도 아울러 얻게 된다.
얼룩이 있는 점박이 소였다면 언론, 출판, 교육 분야
에서 대길할 징조다.

악어

● 악어 떼를 만나 하나하나 죽이는 꿈
자신을 괴롭히던 어려운 일이 조금씩 해소되고 큰일
을 성사하게 되거나 많은 재물을 얻게 된다.

● 악어에게 물리는 꿈
진행하던 일이나 계획이 순조롭게 이뤄지고, 사업이
잘되어 이득을 보게 되며, 재물과 명예를 얻게 된다.

● 누군가가 양젖을 짜는 것을 보는 꿈

누군가의 도움으로 돈을 벌게 되거나 정신적으로 도움을 얻게 될 것이다. 또한 이로 인해 큰 재물을 모으게 될 것이다.

● 새끼 양이 울고 있는 꿈

새로운 일을 맡게 될 징조다. 혹은 새로 자식이 생길 암시다.

● 새끼 양이 펄쩍펄쩍 뛰고 있는 꿈

가족들과 정겹고 행복한 시간을 보낼 조짐이다.

● 새끼 양이 없어져서 여기저기 찾아다니는 꿈

친구나 동료와의 소원했던 관계가 우연한 계기로 해소되어 새롭게 우정을 확인하게 된다. 없어진 새끼 양은 우정을 상징한다.

● 양 떼가 초원을 달려오고 있는 꿈

협조자를 만나 가업이 두루 번창할 징조다. 또한 재물이나 집을 늘릴 징조로도 해석한다.

● 양을 끌고 집 안으로 들어온 꿈
재물이 들어오고 좋은 직장을 얻게 되며 자손으로 인한 즐거움을 누릴 징조다.

오리

● 여러 마리의 오리가 문 안으로 줄을 지어 들어오는 꿈
다방면에서 재물과 돈이 물밀 듯이 들어오게 되어 잔치를 열거나 경사가 생기는 등 좋은 일이 계속되는 징조다.

● 오리를 잡아먹는 꿈
만사가 길하게 되며 환자의 경우 병이 완쾌되어 건강을 되찾게 되는 꿈이다.

용

● 갯벌에서 용의 머리를 캐낸 꿈

어느 단체나 기관, 사업체 등에서 우두머리가 되거나 권세를 얻게 됨을 예시한 것이다.

● 고여 있는 맑은 물에서 용이 노는 것을 구경하는 꿈
맑고 청결한 사상과 음률이 충만한 어떤 사업장에서 성공하여 명예와 권세가 항상 함께하게 된다. 또한 자기 직업에 충실하며 다른 사람과 더불어 감동할 일이 있게 된다.

● 두 마리의 용이 뒤엉키며 하늘로 올라가는 것을 본 꿈
사업을 하는 사람이라면 뜻이 맞는 동업자를 구해 보다 큰 규모로 하는 것이 좋고, 장사를 하더라도 다른 사람의 돈을 끌어들여 같이 하는 것이 유리하다.

● 불난 집에서 용이 하늘로 솟아오르는 것을 보는 꿈
사업이나 추진 중인 일이 크게 번성하여 세상에 과시하게 된다.

● 어떤 물건이 용으로 변하는 꿈
일생의 운세가 크게 변할 것이다.

● 용을 타고 산으로 올라가는 꿈

성적이 크게 오르거나 사업이 크게 성공한다. 또는 관직에 오르게 되어 자신이 바라던 일이 이루어지게 된다.

● 용의 문장이나 조각을 보는 꿈

저명인사를 만나거나 그와 관계된 일을 하게 된다. 또는 위인에 관한 기사를 읽거나 희귀한 물건이나 서적 등을 대하게 되어 도움을 받게 된다.

● 용의 허리를 두 팔로 꼭 끌어안고 있었던 꿈

주문이 쇄도해 일이 많아지게 되고 사람이 모여들게 된다.

● 용이 불을 토하여 갑작스럽게 자신의 등이 몹시 뜨겁게 느껴지는 꿈

관청이나 높은 지위에 있는 사람의 도움을 받아 승진 또는 출세하게 되거나 사업이 번성하게 된다.

● 용이 사람을 물어 죽이는 것을 보는 꿈

어떤 세력에 의해서 자신이 추진하던 일이나 사업 등이 성취되어 사람들에게 신용을 쌓게 된다.

동물

● 용이 승천하는 것을 본 꿈
많은 사람들을 좌지우지할 수 있는 자리에 오르게 된다.

● 용이 자신을 태우고 어디론가 날아가는 꿈
좋은 일이 있을 것임을 예시해주고 있다. 길한 꿈이니
복권을 사는 것도 좋을 것이다.

● 용이 하늘에서 큰 소리를 내는 꿈
사업이나 정치 등에 성공을 하여 사람들이 우러러보
게 될 것이다.

● 우물가에서 백마가 용이 되어 하늘로 오르는 것을
지켜보는 꿈
사업이나 자기 일에 있어 승승장구하며, 훗날엔 더 큰
사업체를 운영하거나 더 훌륭한 업적을 이룩하여 크
게 성공하게 된다. 또한 어떤 업적이나 사업을 이룩하
더라도 크게 사람들의 주목을 받게 되어 명예로워질
것이다.

● 자신이 용에게 통째로 먹혔다가 뱃속에서 요동을 쳐
다시 나왔는데 자신의 온몸이 피투성이가 되어 있는 꿈

246 ● 좋은 꿈

세력가나 세력 집단, 기관 등에서 어떤 권리나 이권, 재물 등을 획득하게 될 것을 예시한다. 또한 직장인이라면 승진을 하는 등 좋은 일이 일어날 것이다.

● 자신이 용이 되는 꿈
성공을 암시하는 꿈이며 대길몽이다. 부귀영화를 누리게 된다.

● 하늘을 날던 용이 자기 집 안으로 날아 들어온 꿈
가문이 흥하게 되고 이름을 만방에 떨칠 꿈이다.

● 한 줄기 빛을 발하며 붉은 해가 떠오르고 그 옆에서 용 한 마리가 하늘로 오르는 것을 보고 깜짝 놀라는 꿈
새로운 사업을 시작하게 되며, 그동안의 연구 성과나 노력이 관련 기관이나 사업체로부터 크게 평가를 받고 혜택이 주어질 것이다. 이로 인해 권세와 명예가 함께 주어져 크게 감격하게 됨을 예시한다.

동물

원숭이

● 몸 빛깔이 흰 원숭이를 보는 꿈

하는 일이 잘되고, 높은 지위를 얻게 될 징조다.

● 원숭이 골을 먹는 꿈
신분 상승의 기회가 오고 사업이 번창하게 되며 집안
에 경사가 있게 된다.

● 원숭이가 높은 나무나 철망을 타고 재빨리 올라가는
것을 본 꿈
기대했던 만큼의 성과가 나타나고 이
득이 생겨 생활이 안정될 조짐이다.
신분도 상승되게 되고 업무상으로 능력
을 인정받게 된다. 애정도 안정세에 들 조짐
이다.

● 원숭이가 서로 끌어안고 키스를 하고 있는 꿈
데이트 장소에서 사랑의 결실을 맺게 될 징조다.

● 원숭이가 어항을 들여다보며 재미있어 하는 꿈
남에게 부탁을 받거나 청혼을 받게 된다. 혹은 자신이
다른 사람에게 청혼, 청탁을 하게 된다.

● 원숭이가 자신을 바라보고 있는데 원숭이의 눈이 유난히 맑고 반짝거렸던 꿈
자신의 재능이 인정받아 이름을 떨치게 될 징조다. 신분이 상승하게 되고 재물도 따른다.

● 원숭이들이 울긋불긋 요란한 의상을 입고 있는 꿈
그간 공들인 일이 성사되어 드디어 결과를 보게 될 징조다. 또한 자식들이 주변의 부러움을 사게 되어 부모로서 뿌듯한 보람을 느낄 일이 생긴다.

● 원숭이를 타고 높은 산으로 올라간 꿈
승진하여 상급기관으로 발령을 받게 될 징조다. 입학, 당선 등을 암시하는 길몽

동물

조개

● 강이나 바다에서 잡은 조개에서 진주가 나오는 꿈
연구나 학문을 하는 사람의 경우 진리를 얻게 되거나 뜻하지 않던 보물을 얻게 된다. 또한 횡재수가 있어 복권에 당첨될 수도 있다.

● 공중에서 내려오는 조개를 자꾸 받아 삼키는 꿈
명예를 얻어 재물을 쌓게 된다. 또한 이로 인해 이름
을 세상에 알리게 된다.

● 바닷가에서 조개가 발가락을 무는 꿈
기관에서 자신의 청탁이 받아들여져 일이 원하는 방
향으로 진행될 것이고, 앞으로도 부와 명예를 얻을 수
있다.

● 산에서 나무를 해다 놓았는데 그 속에서 많은 조개
가 나오는 꿈
굴뚝 산업이라고 하는 사업이나 창의력을 필요로 하
는 일로 많은 재물을 쌓게 될 것을 예시한다.

쥐

● 도망가는 쥐를 때려잡은 꿈
골치를 썩이던 사람이나 기관을 잘 설득시켜 성공적
으로 일을 성사시키게 된다.

● 방 안에 들어온 쥐를 잡으려고 한 꿈

자신에게 해가 되는 사람을 가려내고 진정한 협조자
를 만나게 된다.

● 쥐가 옷이나 옷감을 갉아먹은 꿈
재물이 넉넉해지고 심신의 안정을 찾게 될 것이다.

● 쥐에게 물리는 꿈
승진을 하게 되거나 명예 등을 얻게 되는 등, 뜻밖의
기쁜 일이 생길 것을 예시한다.

● 창고에 쌓아둔 곡식을 쥐 떼가 먹어치웠던 꿈
현재 하고 있는 일이 성공을 거두고 크게 번창하게 된다.

● 하얀 쥐가 자신을 어디론가 안내하여 그 뒤를 따라
간 꿈
직장 상사나 고위직에 있는 사람이 앞길을 터주어 신
분이 상승할 징조다. 흰 쥐는 행운이나 소원 성취를
상징한다.

동물

코끼리

● **코끼리 뼈(상아)를 얻는 꿈**

재산을 얻게 될 징조다. 또는 인생을 살
아가는 데 필요한 중요한 정신적 자산
을 얻게 될 것을 암시한다.

● **코끼리를 타고 가는 꿈**

지위나 명예가 높아질 기회를 얻게 된다. 또한 행복한
결혼 생활을 암시하기도 한다.

토끼

● **집에서 키우던 토끼가 새끼를 낳는 꿈**

수입이 늘어나고 재물이 들어올 징조. 특히 창작, 예
술 계통의 종사자라면 작품을 발표하여 인정받게 된다.

● **토끼 떼가 산에서 노는 꿈**

장차 무수한 정객들을 거느린 위대한 정치가가 될 것
이다. 당의 당수 같은 자리에 앉게 될 수도 있다.

● 토끼들이 줄을 지어 하늘로 올라가거나 나무, 바위 위로 뛰어 올라가는 꿈

운이 상승하여 재물이 들어오고 일이 잘 풀리며 걱정 거리가 없고 집안에 경사가 겹칠 길몽이다. 개인적으로는 승진을 하거나 취직을 하게 되고 귀인을 만나 신분이 상승하게 된다.

● 토끼들이 풀밭에서 평화롭게 놀고 있는 꿈

가정이 안정되고 직장에서 자기의 입지도 안정된다. 위기가 모두 지나가고 평화로운 나날만이 기다리고 있다.

동물

해충

● 몸에서 해충을 배설하게 되는 꿈

자신이 그동안 괴로움을 당하던 근심, 걱정이 해소되는 것을 암시한다.

● 천장에 붙어 있는 무수한 파리를 죽이거나 날려 보내는 꿈

부모의 병이 낫거나 사업상 많은 애로와 근심이 해소

되는 계기가 생긴다.

호랑이 · 사자

● **호랑이가 자기 몸에 감긴 구렁이를 떨쳐버리거나 잘라버리는 꿈**
자신에게 벅찬 큰 세력을 꺾거나 자신에게 도움을 주고 있는 사람과 더불어 추진하고 있던 사업을 성취시켜 성공하게 된다.

● **다쳐서 피를 흘리는 호랑이를 정성껏 돌봐준 꿈**
귀인이 나타나 자신을 어려움으로부터 구해준다. 점차 운이 트여 사업이 번창하고 가세가 일어나게 된다.

● **동물원으로 소풍을 가서 사자나 호랑이를 보는 꿈**
관청이나 공공기관의 관리나 그에 상응하는 사람의 도움을 받게 되고 그로 인해 성공을 하게 된다.

● **사자나 호랑이를 타고 달리는 꿈**
유명인이나 위대한 사람의 도움으로 귀하게 될 것이다. 미혼 여성이라면 훌륭한 배우자를 만나게 될 것이다.

● 사자나 호랑이와 싸워 이기는 꿈

장차 사업에 크게 성공하게 될 것이다. 혹은 권력의 중심부로 들어갈 수도 있겠다.

● 사자와 이야기하는 꿈

높은 신분이나 직장 상사에게 사전 교감으로 계획된 일을 척척 해내게 되는 꿈이다.

● 어떤 큰 집 아궁이에서 송아지만 한 얼룩 호랑이가 나와 엄지손가락을 덥석 무는 꿈

국가기관이나 관청 같은 곳에서 높은 관리가 되어 귀하게 될 것을 예시한다. 또한 어떤 거대한 세력이나 권리, 이권, 재물 등이 자신의 영향권 안에 들어오게 된다.

● 원숭이를 그린다고 그렸는데 다 그리고 보니 호랑이였던 꿈

사회적으로 유명해질 암시다. 부귀와 공명을 거머쥐고 정치에 참여할 운도 트인다.

● 짐승을 잡아먹는 호랑이를 본 꿈

경쟁자를 물리치고 자신이 승리자가 될 것을 예시하
는 꿈이다.

● 큰 호랑이가 꽃밭에서 자기를 업고 크고 호화로운
집으로 들어가는 꿈
어떤 명예로운 사람이나 단체의 힘을 얻어 높은 지위
로 나아가 고위층 관리가 되거나 정치가가 될 것을 예
시한다. 여성인 경우에는 그런 신분의 남편을 얻어 부
귀영화를 누린다.

● 토끼만 한 동물이 차츰 커져서 호랑이가 된 꿈
작은 일부터 시작하여 점차 번창해지게 된다.

● 호랑이 또는 사자의 가죽이나 털로 된 물건을 얻는 꿈
자신과 뜻이 같은 협조자를 만나게 되고, 그로 인해
재물과 권력 등을 얻게 된다.

● 호랑이가 방 안으로 들어오는 꿈
귀인이 찾아오거나 훌륭한 작품 또는 일거리를 얻게
될 수도 있다.

● 호랑이가 옆 또는 뒤에서 졸졸 따라다니는 꿈
어려운 상황에서 자신에게 도움을 줄 협조자를 얻거
나 사업이 잘 추진되어 크게 성공한다.

● 호랑이가 우렁차게 포효하고 있는 꿈
높은 자리에 오르게 되며 명예와 부귀영화를 누리게
될 꿈이다.

● 호랑이가 자기 앞에 얌전히 앉아 있었던 꿈
많은 사람들을 지배하는 자리에 올라 지도
력을 발휘하게 될 것을 암시하는 꿈이다.

● 호랑이가 집을 지켜주는 꿈
최대의 길몽이다. 권세와 명예를 가진 사람이 자신을
후원해줄 일이 있거나 최대의 권세나, 명예, 재물운,
이권을 획득하게 된다. 또한 예술가라면 훌륭한 작품
을 발표할 수 있게 된다.

● 호랑이나 사자에게 물려 상처가 나는 꿈
권력을 잡게 되거나 직장에서 진급을 한다. 또한 사업
가나 예술가라면 명예나 권세를 얻게 된다.

● 호랑이를 끌고 다닌 꿈

많은 사람들을 마음대로 움직이게 되고 큰일을 성사시키게 된다.

● 호랑이와 성교하는 꿈

사업가라면 계획하고 있던 큰 사업을 시작하게 되고, 예술가라면 훌륭한 작품 등이 만들어지거나 권력층의 사람과 계약을 맺거나 동업을 하게 된다.

회충

● 자신이 배설한 회충 덩어리를 태워버리는 꿈

큰일을 성취하여 명성을 얻게 된다.

● 자신이 기생충을 배설하게 되는 꿈

그동안 자신을 괴롭히던 근심 걱정이 해소된다.

제5장

식물

곡식

● 곡식을 만져보는 꿈

사업이나 추진 중인 일 등이 잘 풀리게 된다.

● 곡식의 쭉정이를 불어내는 꿈

자신이 싫어하거나 자신의 일에 방해가 되는 사람 등을 제거하게 됨을 의미한다. 또는 사업이나 추진 중인 일을 다시 살펴 기반을 다지라는 의미일 수도 있다.

● 남의 논에 벼가 누렇게 익어 있는데 어떤 사람이 와서 낫을 주면서 벼를 베라고 한 꿈

횡재를 하게 될 꿈이다. 노력하지 않아도 운이 좋아 뜻하지도 않은 이익과 재물을 얻게 될 것이다.

● 벼가 누렇게 고개를 숙이고 있는 것을 보는 꿈

어떤 일이나 사업을 성취하거나 결실을 거둘 일이 있겠다.

● 벼를 베고 볏단을 쌓는 꿈

학생들은 성적이 기대 이상으로 올라가고, 논문을 쓰

고 있는 사람이라면 논문이 통과되거나 채택될 것이다.
또한 큰 재물을 얻을 수 있을 것이다.

● 볍씨를 뿌리거나 못자리를 만드는 꿈
많은 사업 자금이 생기거나 추진 중인 일에 상당한 자
금이 생긴다.

● 논에서 짚단을 날라다 대문 앞에 잔뜩 쌓아놓는 꿈
논은 사업장을 의미하고 볏단은 사업성과를 의미한다.
따라서 짚단을 많이 쌓아놓을수록 성과를 올릴 수 있다.

● 쌀 등의 곡식을 짊어지고 집으로 들어오는 꿈
하는 일마다 이익을 발생시켜 재물을 쌓게 된다.

● 쌀가마니가 집 안에 잔뜩 쌓여 있는 꿈
재산이 늘어날 길몽이다.

● 쌀더미에 파묻히는 꿈
엄청난 재물이 들어와 쌓이게 될 암시다.

● 쌀을 사는 꿈

식물

병으로 앓고 있었다면 곧 낫게 될 좋은 꿈이다.

● 쌀을 씻어서 밥을 짓고 있는 꿈
하던 일에서 좋은 결과를 얻어 재산이 얻게 될 것이다.

● 쌀을 저울에 달아보고 있는 꿈
진행 중이던 일이 성공하여 이익을 얻게 될 암시다.
중요한 계약을 앞뒀다면 순조롭게 성사될 것이다.

● 하늘에서 쌀이 비처럼 내리는 꿈
커다란 금전적인 이득을 얻게 될 꿈이다.

과일

● 개울가나 숲에서 산딸기를 따먹은 꿈
학생이라면 우수한 성적을 거둘 것이고, 작가나 예술
가들은 우수한 작품을 완성하게 될 것이다.

● 과일을 수확하는 꿈
그동안 노력한 일의 결과를 보게 되어 큰 이득이나 경
사가 생길 꿈이다.

● 과일을 통째로 삼켜버리는 꿈
장차 큰 업적을 남기고 명예를 얻을 것이다.

● 누군가로부터 곶감을 받는 꿈
곶감 수만큼 돈이 생기거나 상을 받을 일이 생긴다.

● 잘 익은 밤송이를 보는 꿈
혼담이 성사되거나 어떤 일의 결실을 보게 될 것이다.

● 딸기를 샀는데 주머니가 넘치도록 거스름돈을 받는 꿈
사업이나 추진하는 일, 직장, 이권, 권리 등에 있어 풍
요로움을 예시하고 있다. 횡재수를 의미하기도 한다.

식
물

● 방 안에 과일나무를 심었는데 과일이
주렁주렁 열린 것을 보는 꿈
사업이나 일 등에서 큰 성과를 얻게
된다.

● 배나무에 배가 주렁주렁 달린 것을 보는 꿈
일이나 사업 등에서 큰 성과를 얻게 되며, 그 배를 따
오는 꿈이었다면 그만큼의 재물이 생긴다.

● 붉은 대추를 많이 따오는 꿈

자금이 풍부해져 사업이 순조롭게 이어져 갈 것이다.

● 붉게 익은 복숭아를 얻는 꿈

짝사랑이 결실을 얻거나 학과 성적이 우수해진다.

● 산에 올라가 수많은 밤나무에 밤송이가 주렁주렁 열려 있는 것을 보는 꿈

어떤 기관이나 회사, 조직체 등에서 큰 성과를 거두게 될 것을 예시하고 있다.

● 상대방의 과일을 빼앗거나 훔치는 꿈

어떤 값진 권리나 재물 등을 소유하게 된다. 또한 경쟁이 치열한 회사에 취업이 되며, 상대방의 사정으로 승진 등의 기회를 맞게 된다.

● 알밤을 주워 담는 꿈

실속 있는 이득을 얻게 되며 재산을 모을 징조다. 또는 학문, 연구, 업무에 있어서 좋은 결과와 낼 징조다. 복권 당첨으로 실현된 경우도 있다.

식물

● 자신이 밤송이를 까서 밤알을 갖는 꿈

계약, 상담, 혼담 등이 이루어지고, 학생인 경우 입학 시험에 합격하게 된다. 또는 가족이 늘게 된다.

● 탐스럽게 잘 익은 과일을 보는 꿈

그동안 정성들여 해온 일에서 결실을 거두게 된다.

● 맛있는 호두를 먹거나 보는 꿈

행운과 결실의 암시다.

꽃

● 고목에 꽃이 피는 꿈

한마디로 고생 끝이다. 사업이 번창하게 되고 직장에 서는 뒤늦게 능력을 인정받아 요직에 오른다.

● 꽃을 먹는 꿈

집안에 즐거운 일이 있겠다. 미혼이라면 이성과 깊이 사귈 수 있을 것이다. 혹은 결혼에 이르기도 하겠다.

● 눈 쌓인 한겨울에 꽃이 활짝 핀 것을 보는 꿈

개척한 사업이나 일이 성공함으로서 이름을 떨친다.

● 대나무에 꽃이 피는 꿈
부귀영화를 가져올 꿈이다. 만약 그 대나무를 베어 오는 꿈이었다면 많은 재물이 생기거나 건설적인 사업을 시작하게 된다.

● 복숭아꽃이나 살구꽃이 만발한 곳을 거니는 꿈
신분이 상승하거나 명예, 이권 등을 획득하게 된다. 미혼이라면 연인과의 사이에 결실을 맺게 될 것이다.

● 붉은 매화를 꺾는 꿈
협력자, 협력 기관, 귀인 등을 만나 어떤 일에 도움을 받거나 기쁜 일이 생길 것을 예시한다.

● 소나무에 꽃이 피는 것을 보는 꿈
사업이나 어떤 일에 있어 결실을 보게 되거나 장차 부귀영화를 누릴 수 있을 것이다.

● 싱그러운 꽃향기를 맡는 꿈
신분이 고귀해지거나 미혼인 경우 애정이 무르익어

식물

갈 것이다. 또는 그리운 사람을 만나게 될 것이다. 표
창장이나 상을 받을 수도 있다.

● 책상에 누군가 꽃을 올려놓는 꿈
누군가로부터 일 처리에 대해 칭찬을 받거나 업무 능
력을 인정받아 공로상 같은 것을 받게 될 것이다. 혹
은 연인이 생기기도 한다.

나무

● 나뭇등걸이나 풀뿌리를 잡고 일어선 꿈
누군가의 도움으로 어려운 고비를 넘기고 극적으로
재기하게 된다.

● 나무를 베어 운반하는 꿈
큰 재물을 얻게 될 것이다. 사업을 하는 사람이라면
큰 인재를 채용할 수 있게 될 것이다.

● 나무에 오르는 꿈
관직에 있는 사람들은 승진이나 진급을 하게 되고, 학
생의 경우라면 성적이 올라 석차가 오를 것이다. 또는

입신양명하거나 힘이나 권세가 있는 누군가의 도움으로 사업, 일을 성취시키게 될 것이다.

● 나뭇가지 위를 이리저리 뛰어다니는 꿈
여러 산하 기관에서 자신의 능력을 마음껏 발휘할 수 있게 된다.

● 단풍나무를 옮겨 심는 꿈
재물이 생긴다. 만약 단풍나무를 지붕 위에 심는 꿈이었다면 소원이 성취됨을 예시한다.

● 땅을 파고 나무를 심는 꿈
재산이 늘어나고 조직에서 자신의 영향력과 지배력이 확대될 것을 예시하는 길몽이다. 자기 집 마당에 나무를 심었다면 가정에 경사와 행운이 생길 징조이고, 산에 올라가서 나무를 심었다면 사회적으로 큰일을 하게 된다.

● 죽순이 자라 큰 나무로 변하는 것을 보는 꿈
집안에 큰 인물이 나거나 사업, 추진 중인 일 등이 처음에는 작게 시작했지만 크게 발전하게 될 것을 예시

식
물

한다.

● 무덤 위에 나무가 서 있는 것을 보는 꿈
어느 기관의 협조를 받아 업적을 남기거나 신분이 고
귀해지는 일과 상관하게 된다.

● 묘목을 심자 크게 자라는 꿈
사업을 시작하게 되고, 짧은 시간에 성과를 얻게 된다.

● 방바닥에 뿌리를 둔 거목이 천장을 뚫고 밖으로 뻗
어나간 것을 보는 꿈
큰 기업이나 일에서 소망을 이루어 사회적으로 널리
알려지게 됨을 예시한다.

● 소나무가 울창한 것을 보는 꿈
사업의 기반이나 직장이 튼튼하여 앞으로 크게 성공
하게 될 것이다.

● 소나무에 올라가는 꿈
취직이나 입학이 순조롭게 이루어진다. 또한 소송 중
인 사람은 승소한다.

식
물

● 죽은 나무의 잎이 다시 싱싱하게 살아나는 꿈
이미 포기했던 일이 의외로 풀리게 되거나 답보 상태
에 있던 일이 순조롭게 풀리게 될 것이다.

● 집 마당의 나무가 보기 좋게 자라나는 꿈
집안의 번영과 무병장수를 누리게 될 길몽이다.

● 천재지변으로 나무들이 뽑히고 쓰러지는 꿈
건강이나 사회적인 지위가 흔들리고 있음을 암시하는
꿈이므로 신변에 주의를 요한다.

● 큰 나무 밑에 서거나 앉는 꿈
큰 기관이나 회사 또는 위대한 협조자의 도움과 지도
를 받아 신분이 고귀해진다.

낙엽

● 가을 낙엽 속에 꽃 한 송이가 곱게 피어 있는 꿈
어려운 역경을 딛고 일어나 크게 성공을 거두는 꿈이다.

● 낙엽이 산더미처럼 쌓여 있는 것을 본 꿈

하는 일이 잘되어 재물이 쌓이게 된다.

● 땅에 쌓인 낙엽을 긁어모았던 꿈
협력자가 나타나 사업 자금을 대주게
된다.

● 수북이 쌓인 낙엽을 밟고 걷는 꿈
큰 재물을 얻을 수 있을 것이다.

● 자기 집으로 낙엽을 짊어지고 오는 꿈
자신의 일이나 사업에 자금을 댈 사람이 나타난다.

씨앗

● 갈대꽃이 지고 씨앗만 남아 있는 꿈
새롭게 시작한 계획이나 사업이 성과가 좋고 미래의
전망이 밝게 될 징조다.

● 씨를 뿌리는 꿈
현재 추진하고 있는 일이 좋은 결과를
가져올 것을 암시한다. 어떤 일에 대해

서 갈등하고 있음을 나타내는 꿈이기도 하다.

열매

● 까치가 빨간 열매를 물고 집안으로 들어오는 꿈
집안에 혼사가 들어오거나 친구, 애인이 찾아온다. 재물, 횡재, 소식 등의 좋은 길몽이다.

● 카네이션이 진 자리에 붉은 열매가 열려 있는 꿈
하고 있는 일이 좋은 성과를 가져와 부흥하게 되고 재물이 들어오는 꿈.

● 화분의 꽃이 열매를 맺는 꿈
신분이 고귀해지며, 인기 직업을 갖고 여러 사람의 흠모의 대상이 된다. 전환기에 많은 업적을 남길 것이다.

인삼

● 굴속에 인삼 꽃이 아름답게 피어 있었던 꿈
오래된 일을 기억하여 현재 새로운 진리를 발견하게 되는 징조다.

식물

● 노인에게서 인삼 한 뿌리를 받은 꿈
사회사업을 통해 명성을 얻게 되며 효심이 가득한 자
식을 얻게 되는 꿈이다.

● 맑은 물 위에 인삼 꽃이 산뜻하게 피어 있는 꿈
작가의 경우 훌륭한 예술품을 창작하게 되는 꿈이다.

● 자기 집 지붕 위에 인삼 꽃이 피어 있는 꿈
집안에 경사가 생기고 가족에게 좋은 일이 생길 징조.

채소

● 배추나 무꽃이 만발한 것을 보는 꿈
기쁜 소식을 듣게 되거나 명예를 얻을 일이 생길 것이다.

● 채소의 새싹이 돋아나는 것을 보는 꿈
지금까지 잘 풀리지 않던 일이나 침체되었던 일이 점
차 호전되며, 새로운 사업이나 새로운 일을 시작하게
될 것이다.

● 채소밭에 꽃이 활짝 피어 있는 꿈

식
물

새로운 일이나 계획과 연관하여 사업이 발전하거나
경사가 생기게 되는 꿈이다.

제6장

자연

● 강물에 손발을 씻는 꿈

취직을 하려는 사람은 취직이 되고, 승진을 바라는 사람은 승진을 하고, 계약을 하려는 사람은 계약이 성사된다.

● 강물이 마르도록 마셔버린 꿈

횡재하여 큰 부자가 될 수 있는 꿈이다. 또는 막강한 권력자나 위대한 학자, 또는 사상가가 될 수도 있다.

자연

● 강물이 맑게 보이는 꿈

사업이나 어떤 일을 하는 데 있어 그 기반이 튼튼하고 안정되어 전망이 밝다는 것을 의미한다.

● 강물이나 바다 위를 평지같이 걷는 꿈

주위의 모든 여건이 자신에게 유리하게 전개되어 추진하던 일이나 사업 등이 번성하고, 원하던 직장에 취직하고 소원이 이루어진다.

● 강물에 불이 붙은 꿈

정신적, 물질적인 면에서 어떤 기관과 협력하여 성공을 이루게 될 징조.

● 살얼음이 언 강을 무사히 건너는 꿈
시험에 합격하거나 승진, 영전 등을 하게 된다.

● 예쁜 조약돌을 강변에서 주운 꿈
직장에서 승진하여 관리자가 되거나 학문적인 성과를 얻어 명성을 얻게 된다.

● 자신이 강물에 빠져 죽는 꿈
운세가 호전되어 일이 막힘없이 잘 풀리게 되며 경사스러운 일이 겹칠 징조다.

계절

● 가을빛에 꽃잎이 곱게 피어 있는 꿈
혼기를 놓친 남녀가 천우신조로 사랑과 행운을 맞이하게 된다. 사색, 독서, 창작, 경사, 기쁨 등이 있다.

● 가을 하늘에 잠자리가 무리를 져 날아가는 것을 본 꿈

자연

미모의 여성을 만나거나 광고 등의 일이 잘 추진된다.

● 겨울인데도 꽃이 만발한 꿈
개척적인 성격을 가진 어떤 일이나 사업의 성공으로
명성을 떨치게 될 것을 암시한다.

● 꽃잎이 봄바람을 타고 창문으로 날아 들어오는 꿈
가까운 곳이나 먼 곳에서 사랑, 행복, 희소식이 온다.

● 시원한 여름이라고 느끼는 꿈
현재 사귀고 있는 애인에게 적극적으로 다가서면 사
이가 더욱 좋아질 수 있음을 암시한다.

● 여름에 동백꽃이 피는 꿈
큰돈은 아니지만 뜻하지 않게 돈이 들어오게 된다.

자연

고드름

● 처마에 고드름이 달려 있는 꿈
경제적으로 여유가 생기고 집안에 경사가 생길 것이다.

● 추녀 끝에 고드름이 형형색색으로 매달려 있는 꿈
아름다운 예술작품을 창작하게 된다. 상품의 디자인
을 새롭게 쇄신한다.

구름

● 구름 위에 올라서서 아래를 내려다보는 꿈
입신출세를 예시하는 길몽이다. 하는 일이 뜻대로 잘
풀리고 행운이 따른다. 그러나 중병을 앓는 환자가 이
꿈을 꾸었다면 죽음을 암시하는 흉몽이 된다.

● 구름을 타고 이리저리 날아다녔던 꿈
직장이나 단체에서 최고의 자리에
앉게 되며 현재 진행 중인 사업
도 잘 진행될 것을 암시하는 길
몽이다.

● 구름이 걷히는 꿈
걱정거리와 장애가 해결될 것을 암시하는 길몽이다.

● 구름이 노란색으로 변한 꿈

명예와 재물을 한꺼번에 얻게 될 징조.

● **구름이 황금색으로 변하는 꿈**
영광과 부귀가 따른다.

● **구름이 보라색으로 뭉게뭉게 피어오르는 것을 본 꿈**
입학시험, 고시, 취직 시험 등에 합격하게 되거나 선
거에 출마한 사람은 당선을 하게 되며, 사업가는 사업
이 크게 번성하고 직장인은 승진을 하게 될 길몽이다.
흰 구름이면 계약이나 상담 등이 잘 이루어지며, 장사
나 사업을 하는 사람은 거래, 매매, 흥정 등이 매우 잘
이루어지게 된다. 또한 대인관계에 있어서도 좋은 일
이 생길 수 있다.

● **오색찬란한 구름을 본 꿈**
수많은 사람들에게서 인기를 한 몸에 얻게 된다.

자연

길

● **시원하게 뻗어 있는 넓은 길을 본 꿈**
앞길이 훤하게 트여 있다는 암시다. 매사가 순조롭게

풀려나가 성공에 이르게 된다.

● 앞에 가는 사람을 따라 길을 가는 꿈
자신의 의사를 잘 따라주는 동업자나 동지를 만나게
되고 그들이 자신의 일을 도와주게 될 것이다.

● 자신이 길거리에서 뭔가를 파는 꿈
누군가에게 음식을 대접받을 일이 생기거나 잔치에
초대받을 일이 생기게 된다.

냇물

● 울창한 숲 속에 냇물이 흐르는 것을 보는 꿈
사업이 융성하고 학문 연구가 순조롭게 풀린다.

논

● 신이 나서 끝없이 넓은 논이나 밭을 쟁기나 트랙터
로 갈아엎는 꿈
현재 하고 있는 일이나 새로 추진하는 일이 크게 성공
할 것을 암시하는 꿈이다.

● 논밭을 사는 꿈
사업장을 얻게 된다.

● 논에서 추수를 하는 꿈
금전적 이득과 유산 상속 등으로 횡재를 하게 될 길몽
이다.

● 논이나 밭에 단비가 내리는 꿈
경제적인 풍요와 사업의 번창을 암시하는 꿈이다. 아
울러 자식이 크게 이름을 떨치고 성공하여 부모에게
기쁨을 안겨줄 암시이기도 하다.

**자
연**

● 논에 모내기 하는 것을 구경한 꿈
관리는 지위가 오르게 되고, 상인은 장사에 이득이 생
겨 돈을 벌게 된다.

● 논에 물이 가득 차 있는 꿈
현재 하고 있는 일의 환경이나 여건 등이 잘 갖춰질
것을 의미한다.

● **눈 쌓인 설원에서 스키를 타거나 썰매를 타는 꿈**
사업가라면 사업이 급속도로 성장하
게 되고, 취직, 시험 등에 무난
히 통과하게 된다.

● **눈발이 거세게 바람에 날리는 꿈**
뜻밖의 횡재를 하게 될 꿈이다.

● **눈을 맞는 꿈**
사업, 추진 중인 일이 순조롭게 진행되어갈 것이다.

● **눈이 소담스럽게 내려 소복소복 쌓이는 것을 본 꿈**
사회적으로 큰일을 도모할 수 있는 시기가 도래했음
을 알려주는 꿈이다. 행복한 결혼 등 생활의 즐거운
변화가 찾아오며 이밖에도 현재보다 나은 새로운 환
경에서 생활하게 될 것을 예시한다.

● **눈사람을 만들거나 눈을 크게 뭉쳐 눈싸움을 하는 꿈**
사업적으로나 가정적으로 큰 재산을 축적하게 된다.

자연

● 마당에 덮인 눈을 비로 쓰는 꿈

오랫동안 잘 풀리지 않거나 유보상태에 있던 어떤 일
이 잘 풀리며, 사업이나 계획하던 일이 잘 성취될 것
이다. 혹은 자기의 세력을 가질 수 있게 된다.

● 엄청난 폭설로 건물과 집들이 내려앉는 꿈

국가적 시책이나 사회적인 분위기가 자신이 하고 있
는 일에 유리하게 돌아갈 암시다. 이러한 시운에 힘입
어 큰 성공을 거두고 재물을 얻게 될 암시다. 이밖에
도 자기가 손대고 있는 일이 시운을 타 대성공을 거두
게 된다.

● 온 천지가 새하얀 눈으로 덮여 평화롭게 보이는 꿈

운세가 호전될 꿈이다. 학문이나 연구를 하는 사람이
라면 큰 성과와 업적을 내게 되고, 정치나 사업가라
면 도약의 기회를 만나게 된다.

● 주먹만 한 눈송이가 집 안으로 쏟아져 들어오는 꿈

집안에 보탬이 될 만한 무언가가 들어오게 될 것이다.
그것이 재물이거나 일거리이거나 사람이 될 수 있다.

자연

● 하얀 눈 위에 발자국이 나 있어서 그 발자국을 따라
간 꿈
사회적으로 유명한 인물이나 고위직에 있는 사람의
수하에 들어가게 될 암시다.

달

● 나무에 걸린 달을 따 가지고 집으로 돌아오는 꿈
예쁜 딸을 낳는다. 또는 횡재, 재물, 돈이 생긴다.

● 달빛이 세상을 환히 비추는 꿈
취업을 하게 되거나 승진의 기쁨을 누리게 될 것이다.
수험생들은 시험에 합격하게 되며, 사업가는 사업이
번창하여 재물을 쌓게 되는 길몽이다.

● 달이 구름을 벗어나는 것을 보는 꿈
취직이 되지 않아 고민하던 사람은 취직이 되고, 직장
인은 승진을 하게 되며, 사업가는 자금 사정이 풀리게
되는 등 지금까지의 근심, 걱정이 사라지고 기쁜 일이
생길 것이다.

자
연

● 달이 여러 개 떠 있는 꿈

많은 재산이 들어오게 될 것을 암시한다.

● 달무리가 진 것을 보는 꿈

혼담이 성사되어 결혼으로 이어질 것이다. 달무리 속
에 달이 빛나고 있었다면 결혼 생활도 행복하게 이어
질 것임을 암시하는 것이다.

● 달에서 토끼가 떡방아를 찧고 있는 꿈

집안이 안정, 번성하고 미혼자는 혼사의 성취나 귀인
을 상봉하게 되며 기혼자는 귀여운 자녀를 잉태하게
된다.

● 보름달을 바라보는 꿈

자신이 원하는 대로 일의 조건이나 환경을 손에 넣을
수 있다. 만사가 호전될 징조.

● 자신이 달을 향해 절을 하는 꿈

높은 신분을 지닌 사람이나 윗사람 등에게 자신의 뜻
이 관철되어 어떤 일을 추진하게 될 것이다.

자연

● 초승달이 점점 둥글어지는 꿈

사업, 예술, 추진 중인 일 등이 점차 크게 발전하게 될
것을 예시한다. 또한 직장인은 단계를 밟아 순조롭게
승진을 하게 되며, 학생은 점차 성적이 올라간다.

● 창문으로 달빛이 들어와 방 안이 대낮처럼 밝은 꿈

집안에 경사스러운 일이 발생할 징조. 행운의 신이 찾
아올 길몽이다.

● 하늘에서 달이 떨어져 뱃속으로 들어오는 꿈

장차 사회사업이나 계몽적인 사업을 하거나 어떤 지
도자적인 권리를 가진 큰 인물이 될 것이다.

● 활을 쏘아 달을 맞춘 꿈

경쟁자를 물리치고 승리하게 된다.

● 하늘에 해와 달이 환하게 떠 있는 꿈

하늘에 나란히 떠 있는 해와 달은 부모님을 암시한다.
꿈속의 해와 달의 빛이 밝고 환하다고 느꼈다면 명예
가 상승하고 사업이 번창하게 되는 길몽이다.

자연

● 돌덩이로 자기 집 울타리를 쌓는 꿈
많은 사람들의 도움으로 사업 기반을 공고히 다지거
나 자기의 직위, 신분 등을 더 공고히 하게 될 것이다.

● 돌을 안거나 짊어지고 자기 집으로 들어오는 꿈
재물이나 이권, 권리, 명예, 보물 등을 얻게 된다.

● 작은 돌덩이가 점점 커져 큰 바위가 되는 꿈
작은 사업체나 일거리였는데 점점 확장되거나 커져
큰 사업체를 일구게 될 것이다. 혹은 미미한 힘이었던
것이 점차 거대한 권력으로 자라나게 될 것이다.

자연

동굴

● 동굴 속에서 무언인가를 찾아내는 꿈
지금까지의 연구에 있어 큰 발견을 하게 되거나, 그간
의 노력에 대한 성과를 얻을 수 있음을 예시한다.

● 동굴 속에서 어떤 짐승을 잡는 꿈

학생은 어려운 시험에 합격하여 진학을 하게 되고, 경쟁이 있는 어떤 일에 자신이 뽑히게 되거나 복권에 당첨되는 등의 일이 있음을 예시한다.

● 지하터널이나 동굴 속으로 걸어가는 꿈
좋은 집이나 좋은 조건의 직장, 사업의 기반이 마련되며 생활에 안정과 발전이 따르게 된다.

● 천연 동굴 속에서 맑은 물이 졸졸 흐르는 꿈
인생행로에서 새로운 전환기가 마련된다. 마음먹었던 일들이 순리적으로 풀리고 훌륭한 지도자나 선생을 만나 지도와 도움을 받는다.

자연

들판

● 끝없이 펼쳐진 들판 가득히 자신이 만든 옷가지가 널려 있는 꿈
사업이나 장사가 크게 융성해 많은 돈을 벌게 되며, 그로 인해 세상에 널리 이름을 알리게 될 것을 예시한다. 혹은 어떤 이권이나 권리 등을 획득하게 되며, 횡재수를 뜻하기도 한다.

● 넓은 들판에서 농기구를 이용하여 일을 하는 꿈

어떤 사업이나 일을 시작하게 될 것이다. 즉, 사업가는 사업의 기초를 세우게 되고 작가는 원고를 쓸 일이 있으며, 음악가는 연주회를 가질 기회가 있을 것이다.

● 넓은 들판에서 뛰어노는 꿈

직장이나 사업장에서 일을 열심히 하는 것을 나타낸다. 혹은 어떤 시합이나 시험을 치르게 된다.

● 눈앞에 넓은 들이 펼쳐져 있는 꿈

먼 곳에서 손님이 올 것을 예시한다. 만약 그 들이 황금들판처럼 곡식이 누렇게 익었다면 횡재를 하게 되거나 사업이 크게 번성하여 많은 재물을 쌓게 됨을 예시한다.

● 벼가 누렇게 익은 황금벌판을 걸어가는데 난데없이 소나기가 쏟아지더니 황금빛 찬란한 용이 하늘로 올라가는 꿈

여성이 이런 꿈을 꾸게 되면 장차 성공해서 오복이 가

득하며 세상을 크게 감동시킬 일을 하여 경사스러울 것이다. 만약 본인의 소원이 성취되지 않는다면 훌륭한 배우자를 만나 부귀 공명할 것을 예시하는 꿈이다.

● 드넓은 들판에 나무를 심는 꿈

생산업에 투자하여 사업과를 올리고 날로 번창하게 된다. 또는 어떤 일에 착수하여 좋은 결실을 얻게 된다. 학생과 재수생은 명문대학에 입학하게 되는 좋은 꿈이다.

땅

● 땅에서 기름이 솟아 흐르는 꿈

삶의 진리와 사상을 전파할 일에 종사하게 된다.

● 땅을 팔아 돈을 받는 꿈

자기가 가지고 있던 능력이나 자산이 갑작스럽게 좋은 평가를 받게 되어 두각을 나타내게 된다. 실업자라면 취직을 하게 되고, 직장인이라면 승진하게 된다.

● 모래사장에 자기의 발자국을 남긴 꿈
어떤 조직이나 기관에 자기의 경력과 행적을 남기게
될 것을 암시한다.

무지개

● 무지개가 자기 집 우물에 걸리는 꿈
집안에 입신양명하여 이름을 떨칠 자손이 태어나거나
혼담이 성사되는 등 좋은 소식이 있을 것이다.

자연

● 비가 온 뒤 오색찬란한 무지개가 시야 가득히 좌우
로 걸쳐 있는 것을 보는 꿈
자신의 사업이나 일이 기관이나 단체 등의 도움으로
성공을 하게 된다. 또한 학문이나 예술, 사업 등에 있
어서도 결국은 성공하게 된다.

● 자기 집에서 무지개가 피어올랐던 꿈
혼담이 성사되거나 멀리 떨어져 있던 가족이 무사히
돌아오게 된다.

물

● 길가에서 분수가 높이 치솟는 것을 보고 깊은 인상
을 받은 꿈
사업이 성황을 이루거나 뛰어난 업적을 과시하게 되며,
광고할 일이 계속 생기게 된다.

● 깊은 동굴 속에서 깊고 맑은 물을 발견한 꿈
어떤 기관이나 기업체 등으로부터 재물이나 이권, 권
리 등을 얻게 되며 이것을 자기 혼자 독점하게 될 것
이다. 혹은 단독으로 어떤 사상이나 이론 등을 발견하
게 됨을 예시한다.

● 내 것이 아닌 빨랫감을 깨끗하게 세탁하는 꿈
사업이나 취직이 순조롭게 이루어진다.

● 뜨거운 물을 마시는 꿈
그동안 정신적, 물질적으로 가장 신경이 쓰이던 사업
이 다른 사람의 도움으로 성사된다.

● 맑은 물을 본 꿈

장래의 전망이 밝아 하는 일이 잘되고 집안이 화평하
며 건강도 양호하다는 신호이다.

● 물 위를 걷는 꿈
매사가 순조롭게 발전하고 소원이 성취될 길몽이다.
객관적으로 보기에 안 될 것 같은 일도 극적으로 성사
되는 길몽이다.

● 물바다가 된 들판 가운데 서 있는 꿈
권력자, 세도가, 힘 있는 사람, 고귀한 신분의 사람과
인연을 맺게 되며, 이들로부터 도움을 받아 소원, 추
진하는 일, 사업 등이 크게 이루어진다.

● 물에 빠져 죽는 사람을 보는 꿈
큰 이득을 얻고 행운이 찾아올 암시다.

● 물에 빠졌다가 구조된 꿈
하고자 하는 일에서 성공을 거두고 위험을 비켜나가
게 될 행운의 꿈이다.

● 물을 마시려고 부엌으로 가보니 부엌이 맑은 샘물로

자연

변해 있어서 양껏 마시고 갈증이 해소된 꿈

커다란 행운이 찾아온 것이다. 그간 어려움을 겪던 일들이 일순간에 해결의 실마리를 찾게 되며 사업은 나날이 번창하게 된다.

● 물을 퍼내는 꿈

외부로부터 협조를 얻게 된다. 또는 유용한 정보를 얻게 된다.

● 물이 담긴 그릇에 자기가 빨아놓은 빨랫감을 담가둔 것을 보는 꿈

새로운 직업에 종사하게 되고 재물이나 명예가 생겨서 신분이 새로워지거나 하는 일마다 성공을 거두어 호평을 받게 된다.

● 물이 유유히 흐르는 것을 본 꿈

매사에 막힘없이 발전하게 될 것을 암시한다.

● 방 안에 물이 가득 차는 꿈

일이 잘 풀리고 그로 인해 재물을 쌓아두게 되며, 정신적인 면에 관련된 일에 종사하게 된다.

자연

● 부엌에 물이 가득 차서 넘쳐흐르는 꿈
집안에 경사가 생기고 큰 재물이 생긴다.

● 비어 있던 물탱크에 물이 가득 찬 것을 보는 꿈
예상하지 못했던 막대한 돈이 생긴다.

● 사방이 온통 물바다로 변하는 꿈
길몽이다. 학문이나 예술, 작품 활동, 업적 등을 통해
명예와 부를 얻게 되거나 세상 사람들을 감동시키게
되며 그로 인해 명성을 쌓게 될 것을 예시한다.

● 송장 썩은 물이 냇물처럼 흐르는 꿈
사업이 크게 번성하여 많은 돈을 벌게 될 뿐 아니라
여러 사람들에게 정신적인 영향을 주어 명예를 얻게
된다.

● 자기 집에 있는 빈 독에 사람들이 아무 이유 없이
물을 퍼다 부어주는 꿈
갑작스럽게 여러 사람들로부터 물질적 후원을 받거나
돈을 받을 일이 생겨 재산을 쌓게 된다.

자연

● 자신이 파놓은 웅덩이에서 물이 펑펑 솟아나는 꿈
사회사업이나 공공기관 또는 자신이 다니고 있는 회
사를 통해 돈을 벌게 된다.

● 흘러가는 물이 흙더미에 막혀 고이는 꿈
재물을 모으게 될 것을 암시하는 꿈이다.

바다

● 바닷물이 밀려들거나 홍수로 자기 집이
잠기는 꿈
뜻밖의 재물이 생기고 사업이 크
게 융성하여 큰 재산을 쌓게 된다.

● 바닷물이 밀려오는 것을 한가롭게 바라보고 있는 꿈
새로운 사조나 유행이 밀려와 자신에게 영향을 미친다.
또는 사업가의 경우에는 사업이 융성해진다.

● 바다나 해변에서 일광욕으로 피부를 태우는 꿈
명예와 신분이 높아지고 새로운 직장과 거주지에 변
동이 생긴다.

자
연

● 잔잔한 바다가 햇빛을 받아 반짝이는 꿈
운이 트이고 상승세를 타고 있음을 알려주는 길몽이다.

● 잔잔한 바다를 바라본 꿈
앞길이 순탄하게 열려 있다는 암시다.

바람

● 강한 바람을 정면으로 맞으면서도 시원하다고 느꼈던 꿈
주변의 모든 근심 걱정이 씻은 듯 사라지게 된다. 경제적으로 어려움을 겪고 있었다면 차차 생활이 나아지게 되며, 질병이 있었던 사람이라면 차츰 회복하게된다.

● 바람을 등지고 가는 꿈
강대한 힘을 가진 사람을 등에 업고 사업을 잘 추진시킬 것이다.

● 바람의 힘을 빌어 자신이 훨훨 날아다니는 꿈
협조자나 협조 기관, 귀인의 도움을 받아 소원을 이루

자연

게 될 길몽이다. 또는 세상에 과시할 일이 생기거나
질병이 낫게 된다.

● 불이 났는데 바람이 불길을 돕는 꿈
사업이 번창 일로를 달릴 것이다. 특히 어떤 사회적인
힘을 얻게 될 것이다.

바위

● 바위 위에 누워 있는 꿈
어떤 일이 튼튼한 기반 위에 서 있기 때문에 잘 풀리
며 좋은 일이 생길 길몽이다.

● 바위가 공중을 날아다니는 꿈
직장이나 조직에서의 자기의 위치나 직위 등이 불완
전한 상태를 의미하는 것이다. 때로는 사업에 성공하
는 것을 의미하기도 한다.

● 바위를 이용하여 축대를 쌓는 꿈
많은 사람들을 통해 재물을 모을 수 있는 능력을 가지
게 되거나 국가적으로는 방어태세를 갖출 수 있게 된다.

자연

● 자기 집 마당에 커다란 바위가 턱 하니 놓여 있었던 꿈
목돈이 굴러 들어올 행운의 꿈이다.

● 자기 집 정원에 정원석을 들여놓는 꿈
행운몽으로 재산이 늘어나고 집안에 좋은 일이 생긴다.

● 주먹으로 큰 바위를 쳐서 부서뜨리는 꿈
큰 권력자나 사업가가 될 것이다.

밭

● 밭에서 상추를 따는 꿈
생산 및 농업에 투자하여 많은 사업성과를 올리고 돈
을 벌게 된다. 부인과 새댁은 임신하여 딸을 낳는다.

● 밭에 배추씨를 파종하는 꿈
각종 사업에 투자하여 내일의 희망을 약속하게 된다.

● 밭에서 고구마나 무를 캐내는 꿈
생각지도 않았던 행운이 찾아올 길몽으로 재물, 횡재,
소득을 암시한다.

● 밭에서 신선한 채소를 본 꿈
남의 도움으로 사업이 발전하여 재미를 보게 될 징조.

● 간신히 벼락을 피하거나 벼락이 땅이나 건물에 부딪쳐 작렬하는 꿈
재물과 이권이 풍부해지는 발전과 영화를 획득하게 되며 직장, 사업운이 밝게 트이게 된다.

● 맑은 하늘에서 마른번개가 쳤던 꿈
국가적으로 중대한 발표가 나거나 개인적으로는 자기 이름이 신문이나 방송을 타게 된다.

● 번개가 산 위에 내리친 꿈
장차 크게 성공하여 권세와 명예를 널리 과시할 인물이 될 것이다. 또한 어떤 교리나 학문, 진리 등을 전파하게 되는데, 그것으로 인해 먼 외국까지 명성을 떨치게 되거나 중년 이후에 입신하게 될 것이다.

● 번갯불이 자신의 방 안을 비추는 꿈

자연

운수 대통할 꿈으로, 기쁜 소식을 듣게 되거나 귀인이
나타나 자신의 앞길을 밝혀주게 된다.

● 벼락을 맞아 죽었던 꿈
사회적으로 명성을 얻거나 자신이
애쓰고 공들인 어떤 일에 대한 보상을
받을 일이 생기게 된다.

● 벼락이 바로 자기 등 뒤에 떨어진 꿈
동업자나 후원자 등 자신을 도와주던 사람에게 좋은
일이 생긴다.

자연

별

● 떨어진 별이 용마루에 구르는 꿈
사업이나 추진하던 일이 크게 성공하고, 학문적으로
도 큰 업적을 쌓게 된다. 또한 예술가라면 훌륭한 작
품을 내 크게 명성을 얻고 귀하게 된다.

● 밤하늘에 무수히 많은 별들이 유난히 반짝이던 꿈
하는 일마다 만사형통하며 많은 사람들로부터 인정을

받게 된다.

● 별무리가 줄지어 있는 것을 보는 꿈
연예인이나 예술가들이라면 자신을 좋아하는 팬들이
많이 생기게 되며, 자신의 추종자나 부하들이 늘어날
것이다. 일반인이라면 점차 재물이 쌓이게 된다.

● 별이 커지는 꿈
작은 사업이 크게 번창하거나 작게 시작한 일이 점점
번성해진다.

● 북두칠성이 자신의 집 안으로 들어오는 꿈
큰 횡재수가 있거나 관청, 국가 기관 등에서 고위직에
오르게 된다.

● 북두칠성이 자리를 바꾸는 꿈
시국이나 사회에 변화가 생긴다. 한번쯤 복권을 사봄
직하다.

● 하늘에 샛별이 반짝이는 꿈
예술가나 연예인 등은 크게 이름을 떨칠 길몽이며, 일

자
연

반인들도 소원을 성취할 좋은 꿈이다. 혹은 자신의 작품이나 아이디어 등이 사회적으로 크게 인정을 받게 된다.

● 건물 안에서 폭탄이 터져 폭음과 함께 불길에 휩싸이는 것을 보는 꿈

지금까지의 어떤 고민거리나 정신적인 고통이 해소되고, 사업이나 추진하는 일이 크게 성공하여 많은 재물을 쌓게 된다.

● 그릇에 담긴 물이나 오줌, 강물, 호수 등에 불이 붙는 꿈

자신이 근무하고 있는 기관이나 회사 등에서 정신적으로 도움을 받게 된다. 사업을 하는 사람이라면 사업이 크게 이루어져서 많은 돈을 벌게 되고 지위도 상승된다.

● 누군가의 발에 붙은 불이 자기 집으로 옮겨 붙어 활

● 좋은 꿈

활 타는 꿈

꿈속의 그 사람으로 상징되는 사람, 혹은 그 상대방의
권리나 이권 등이 이전되거나 재산이나 유산을 받게
되어 부자가 된다.

● 대나무 밭에서 얻은 숯 한 덩이로 화롯불을 피워 쬐
는 꿈

기관이나 단체, 사업체 등의 작은 도움을 실마리로 큰
이익이나 혜택을 보게 된다.

● 바람이 불어와 불길이 거세어졌던 꿈

여러 가지 상황이 유리하게 돌아가 사업이 불처럼 일
어나게 된다.

● 불길을 헤치고 사람이나 동물을 구해내는 꿈

속한 곳에서 능력을 인정받아 주위의 신임을 한 몸에
받으며 협력자를 만나 고비를 넘기게 된다.

● 숲이나 낮은 언덕이 불타는 것을 바라
보고 있는 꿈

그동안 어려웠던 사업이나 추진하던 일

이 번창하게 되거나 많은 재물을 쌓게 된다.

● 야광탄을 발사해서 화재가 일어나는 꿈
이벤트 등으로 사업이나 추진하던 일이 크게 융성하
여 수많은 사람들의 관심과 이목을 받게 될 것을 예시
한다.

● 오랫동안 사용하지 않던 방바닥이 따뜻하다고 느끼
는 꿈
어려운 상황에서 자신의 일을 도와줄 사람을 만나 도
움을 받아 사업이 번성하게 되고 유복해진다.

자연

● 자기 집 아궁이에 불을 때는 꿈
계획하던 일이나 사업을 시작하게 된다. 만약 아궁이
에 불이 잘 지펴졌다면 시작하는 사업이나 일이 순조
롭게 진행되어감을 나타내는 것이다.

● 자기 집에 화재가 나는 바람에 자신이 타 죽는 꿈
길몽이다. 추진하던 일이나 사업이 성공하여 자신이
새롭게 태어날 것을 예시한다.

● 자기가 길바닥에 불을 지르자 크게 번져나가는 꿈
사업체를 여러 곳 운영하게 되며, 그것이 잘될 것을
예시하는 것이다.

● 자기가 불길에 휩싸여 활활 타는데도 전혀 뜨겁거나
고통스럽지 않은 꿈
누군가의 도움으로 사업이 크게 일어나고 집안이 부
유해질 것이다.

● 자신의 눈앞에서 전선이 합선되어 불이 번쩍이는 꿈
추진하던 일이 어느 기관 또는 회사에서 전격적으로
받아들여져 인정을 받게 된다.

● 자신의 집이 불이 나서 활활 타는 꿈
추진하던 일이나 사업 등이 크게 융성하여 큰돈을 벌
게 된다.

● 자신이 불을 잡아타고 가는 꿈
높은 관직에 오르거나 지위, 신분, 명예 등이 크게 오
르게 된다.

자연

● 자신이 아는 어떤 사람이 온몸에 불이 붙어 타는 것을 보는 꿈

사업이나 추진 중인 일이 번성하여 크게 돈을 벌게 될 것이다. 또는 자신이 하는 일이 세상에 알려지면서 유명세와 더불어 큰돈을 벌게 된다.

● 지붕을 수리하다 화재가 나서 걷잡을 수 없이 타는 것을 끄지 못하는 꿈

자신이 대표로 있거나 고위간부층에 있는 사업이 크게 융성하거나 횡재할 꿈이다. 또한 지금 당장은 아니더라도 승진이나 취직, 부동산 매입 등의 좋은 일이 반드시 일어날 것을 예시한다.

● 화재로 인해서 화상을 입는 꿈

행운이 찾아올 징조다. 또는 지나친 성생활을 경고하는 꿈이다.

비

● 강가의 조약돌 위에 비가 내리는 것을 본 꿈

사람들이 자신의 작품을 좋게 평가하거나 자신의 선

자
연

행이나 업적을 높이 평가하여 칭송하게 된다.

● 길을 걷다가 갑작스럽게 비를 맞는 꿈

뜻하지 않게 누군가로부터 돈을 얻게 되거나 음식물을 대접받을 일이 생긴다.

● 비 오는 날 버섯이 뭉게뭉게 자라나는 꿈

사회적으로 혹은 주위 환경의 도움으로 사업이나 추진하던 일, 학문 등의 일이 성장하여 재물을 쌓게 되는 것을 예시한다. 혹은 횡재수를 의미하기도 한다.

● 비가 창문으로 들이치는 것을 보는 꿈

사업이나 추진 중인 일, 연구, 작품 등이 좋은 평가를 받게 되어 명예를 얻게 된다.

● 소나기를 맞으면서 시원함을 느꼈던 꿈

금전상으로 큰 이득을 얻게 될 암시다. 누군가의 도움, 또는 운세의 도움으로 어려움이 시원하게 해결되고 성공을 거두게 된다.

● 창문으로 굵은 빗방울이 들이치는 꿈

자연

많은 사람들에게 자신의 실력을 인정받게 된다.

빛

● 방 안으로 밝고 환한 햇빛이 들어와 비쳐지는 꿈
위대한 사람이나 업적, 관리, 법규 등으로 인해 명예
를 획득하게 될 징조.

● 전체적으로 밝게 빛나고 기분 좋게 느껴지는 빛을
본 꿈
연애운이나 건강운, 또는 성공운 등이 순조롭게 상승
하고 있음을 알려주는 꿈이다.

● 지하실 안에서 불빛이 새어나오는 꿈
자신에게 유리한 중요한 정보와 비밀을 캐낸다. 연구,
소식, 발굴, 발명, 전술, 전략, 희망 등의 길조이다.

● 하늘에서 한줄기 빛이 자신을 비추는 꿈
이 꿈은 신의 도움이 따른다는 의미로 신의 뜻에 어긋
나지만 않는다면 이루지 못할 일이 없다.

자연

● 산 위에서 크게 소리를 지르는 꿈

자신이 하고 있는 일이 크게 성공하여 이름을 떨치게
되거나 사람들의 입에 오르내리게 될 것이다.

● 산꼭대기에 오른 꿈

정상에 올라 기쁜 마음으로 '야호!' 하고 함성을 질렀
다면 원하던 바를 이루고 대성공을 이룰 길몽이다. 그
러나 정상에 서서 내려갈 준비를 하고 있었다면 이제
부터 운세가 하강 국면으로 들어선다는 암시다.

● 산에 불이 나는 것을 보는 꿈

불꽃이 활활 이는 꿈이었다면 대길몽으로 사업 등이
크게 번창하여 많은 재물을 쌓게 될 것이다.

● 산에서 낯선 사람을 만나 이야기를 나누는 꿈

협조자나 후원자를 만나 어려움을 극복하고 성공하게
된다. 무엇인가를 받았다면 더욱더 길몽이다.

● 크고 높은 산의 정상이 흰 눈에 덮여 빛나는 것을

본 꿈

높은 사람 눈에 띄어 인정을 받고 신분
상승의 기회가 주어질 꿈이다. 많은
사람 앞에서 칭찬을 받고 명예를
얻게 된다.

샘물

● 맑은 샘물이 솟아 나오는 것을 본 꿈
협력자나 후원자가 나타나 큰 도움을 주게 되며 앞길
에 행운이 기다리고 있다.

● 맑은 옹달샘 물이나 약수를 떠서 마신 꿈
병을 앓고 있는 환자라면 건강을 되찾게 되고 고민이
있었던 사람은 걱정이 사라질 행운몽이다.

● 사막에서 오아시스를 만나 구원을 받는 꿈
난관에 처해 있던 사업이나 계획하던 일이 잘 풀리게
되고, 지금까지 어려웠던 생활이 풀리는 등 희망적인
일이 계속된다.

자
연

● 누군가의 기도 소리가 들리는 꿈
자신을 진심으로 걱정해주고 도와줄 사람을 만나게
된다.

● 지진이나 화산 폭발, 총성 등의 소리를 듣는 꿈
사회적으로 명성을 떨치거나 소문날 일이 생긴다.

숲

● 깊은 숲 속에서 집을 발견하고 안으로 들어가는 꿈
입학을 하게 되거나 취직을 할 수 있게 된다.

● 숲 속에 냇물이 흐르는 꿈
사업이 잘되고 어떤 일거리가 순조롭게 풀리게 될 것
이다. 혹은 학문 연구에 좋은 성과를 보이게 될 것이다.

● 숲 속의 개울에서 물고기를 잡는 꿈
재물을 얻게 되거나 힘들게 이뤄놓은 사업이 성과를
얻게 된다.

자연

● 숲이 불길에 휩싸이는 꿈

사업이나 집안이 크게 번창하게 될 것이다. 장사하는 사람들이라면 최고의 매상을 올릴 수 있을 것이다. 그러나 한편으로는 가게나 사업체, 집에 불이 날 수도 있다.

● 숲이 울창하고 아늑해 보인 꿈

가업이 번성, 발전하고 명예가 높아지며 재물과 권리가 풍부해지는 안정을 누리게 된다.

안개

자연

● 구름이나 안개가 자신을 감싸는 꿈

누군가 자신의 약점이나 계획, 비밀 등을 감싸주어 추진하는 일이나 사업 등이 순조롭게 진행될 것이다.

● 안개가 서서히 걷히기 시작하는 것을 보는 꿈

그동안 잘 풀리지 않던 문제나 어려움, 근심, 장애 등이 머지않아 순조롭게 타개되는 기쁨을 얻게 된다.

얼음

● **얼음이 녹아서 흐르는 것을 본 꿈**
속을 썩이던 문제가 서서히 해결되고 근심 걱정이 눈 녹듯 사라질 것을 암시한다.

● **얼음이 둥둥 떠 있는 물속에 들어가 있는데도 춥지 않고 오히려 시원함을 느꼈던 꿈**
해결 기미가 보이지 않았던 일이 해결되어 고민이 사라지게 된다.

연못

● **연못에서 물오리가 놀고 있는 꿈**
막힌 수도관이 뚫리듯 하는 일이나 사업이 술술 풀리게 된다.

● **연못에 무지개가 걸려 있는 꿈**
학문과 진리를 탐구하게 된다. 학생은 머리가 트이고 학업성적이 오른다.

우박

● 자기 집 지붕 위에 우박이 요란스럽게 쏟아지는 꿈

집안에 경사스런 일이 생길 징조다. 부귀공명하고 입
신출세할 아들을 출산하게 될 암시이기도 하다.

은하수

● 은하수나 무지개를 건너는 꿈

지금까지의 어려운 고비를 다 넘기고 이제부터 뜻하
는 바를 이루게 될 것을 예시한다. 고시 등의 어려운
시험공부를 해온 사람이라면 시험에 합격하고, 어렵
게 사업을 끌어온 사람이라면 이제부터 사업이 잘 풀
리게 될 것이다.

자연

천둥

● 공중에서 천둥소리가 크게 들리는 꿈

사회적으로 위대한 일이나 큰 업적을 성취하여 세상
사람들의 이목을 크게 집중시키게 된다. 또는 추첨 등
에 당첨이 되거나 장사가 잘되어 많은 돈을 벌게 된다.

집안에 경사스러운 일이 있고 기쁜 소식을 들으며 소망을 이루게 될 것을 암시한다.

● 천둥과 번개가 함께 치는 꿈
사업이 크게 번성하거나 권세, 명성 등을 세상에 떨칠 일이 생긴다.

하늘

● 맑고 푸른 하늘이 생생하게 기억에 남는 꿈
원하는 일이 있다면 이제부터 대체로 이루어질 것이다. 아울러 심정적인 문제가 꼬여 있었다면 이제 마음을 놓아도 될 것 같다.

● 열기구를 타고 하늘을 날아다니는 꿈
바라던 일이 마음먹은 대로 이루어질 것을 예시하는 꿈이다.

● 자신이 탄 배가 하늘을 날아다닌 꿈
크게 부귀를 누릴 길조로서 운세가 대길하고, 하는 일마다 잘 풀리게 될 징조.

자연

● 자신이 줄을 타고 하늘로 올라가는 꿈

뜻밖의 귀인을 만나 도움을 받게 된다. 승진, 합격, 자격취득, 취직, 승리, 성공, 운수대통 등을 예시한다.

● 자신이 하늘로 날아올라 땅 위를 구경하는 꿈

직장, 직급과 관련하여 영화, 출세, 부귀의 운이 따를 암시다.

● 하늘과 땅이 굉장한 소리를 내며 합해지고 있는 꿈

뜻한 바대로 소원을 이루고 부와 명예를 얻게 될 길몽이다. 이름을 만방에 떨치고 신분이 상승된다.

● 하늘에 해와 달이 동시에 떠오르고 있는 꿈

명예가 상승하고 사업이 번창하게 된다.

자연

해

● 두 개의 해가 떠 있는 것을 보는 꿈

두 개의 사업을 동시에 이룩하게 되거나 두 가지 권리를 갖게 되며, 혹은 형제나 자매가 함께 세력을 갖게 됨을 예시한다.

● 떨어진 해를 받아서 방으로 가지고 들어간 꿈

어떤 큰 권리나 작품, 사업체 등을 얻게 되어 최대의 권리나 명예를 얻게 된다. 말년운이 좋은 경우로 초년, 중년에는 어려움을 겪거나 평범하게 살았을지 모르지만 말년에 이르면 부귀영화를 누리게 될 길몽이다.

● 바다에서 해가 떠오르는 것을 보는 꿈

자손이 번창하고 잘될 꿈이다. 집안에 경사가 겹칠 길몽이다. 사업적으로도 중요한 일을 성사시키게 되며 직장에서 요직에 오르게 된다.

● 비가 그치고 해가 빛나는 꿈

모든 일이 잘 풀릴 것을 예시하는 길몽이다. 어떤 일에 새로운 활력이 생기고, 직장인이라면 상사의 인정을 받아 승진을 하거나 좋은 자리로 영전을 하게 된다. 그러나 애인이나 아내, 남편과의 관계가 소원해지기 쉽다.

● 해가 하늘 한복판에 떠 있는 것을 보는 꿈

지금까지의 근심, 걱정이 사라지고 만사형통할 길몽이다. 병을 앓아왔던 사람은 병이 깨끗이 낫게 될 것이다.

● 해를 손으로 따 가지는 꿈
크게는 국가 권세나 작게는 사회적인 기업체를 운영
할 권리가 부여됨을 예시한다.

● 해를 향해 절을 하는 꿈
국가 기관에 부탁할 일이 생기며 그 부탁이 받아들여
져 어떤 이득을 얻게 된다.

● 해를 가슴에 안고 있는 꿈
사업가는 사업에 성공하고, 선남선녀는 사랑의 열매
를 맺게 될 징조다. 임신, 상, 훈장, 자격증, 권세, 승진,
당선, 합격, 횡재, 재물 등과 관계가 있다.

자연

해변

● 해변에서 서핑을 하는 꿈
인생에 즐거운 일이 많이 기다리
고 있다는 암시다.

● 해변에서 일광욕을 즐기는 꿈

직장 상사에게 능력을 인정받아 중책을 맡게 되는 등
행운의 기회를 잡게 될 수 있음을 암시한다. 환자라면
병세가 호전될 수 있다.

● 해변을 걸어가고 있는 꿈

건강이 좋아진다. 가까운 시일 안에 몸이 매우 경쾌해
질 것이다.

해일

● 해일이 나서 들과 산을 덮는 꿈

큰 사업을 벌이게 되고 사상을 정립하게 되어 세상에
이름을 날리게 되어 부와 명예를 갖추게 된다.

햇빛

● 구석진 곳에 햇빛이 환히 드는 꿈

보통 햇빛이 잘 들지 않는 곳에 빛이 환히 비치는 꿈이
라면 경사, 부귀, 영광된 일 등이 생길 것을 의미한다.

자
연

● 자기 몸에 햇빛이 비치는 꿈

입신양명하거나 직장에서 승진할 것이다. 또한 병을 앓아온 사람은 병을 떨치고 일어나게 된다.

● 햇빛이 자신의 눈앞에서 찬란하게 빛나 보이는 꿈

소원을 성취하게 되거나 높은 지위에 올라 신분, 명예 등이 상승하게 될 것이다. 미혼 여성이 이런 꿈을 꾸게 되면 장차 크게 성공할 남편감을 만나게 된다.

호수

● 눈앞에 맑은 호수가 있는 것을 보는 꿈

사람들에게 인기를 얻는 일을 하게 되거나, 하는 일마다 잘되고 하루 종일 기분이 상쾌해질 것을 암시한다.

● 어떤 동물이 호수로 들어가는 것을 보는 꿈

기관이나 조직에 입사하거나 예술 작품을 발표하게 된다.

● 없던 호수가 생기고 물기둥이 공중에 높게 뻗어 오르면서 물이 온 동네에 뿌려지는 꿈

자연

좋은 일이 생겨서 명예를 드높이고 재물이 쌓여 세상 사람들의 주목을 받게 된다.

● 호수 가운데 무언가 있는 것을 보는 꿈
결혼 상대자를 찾게 되거나 자신에게 맞는 사업, 취미 등을 찾을 수 있을 것이다.

● 호수의 얼음을 깨고 그 속에 들어가 몸을 씻는데 물이 따뜻하게 느껴지는 꿈
현재의 어려운 난관에 부딪쳐 있는 일이 쉽게 풀리게 되거나 어려운 협상이나 계약 등이 성사될 것을 예시한다.

홍수

● 높은 산 위에서 들판이나 동네가 맑은 물로 덮이는 것을 보는 꿈
큰 부자가 되거나 세력을 얻어 세상에 그 권력을 펴게 된다. 작가인 경우 세상을 감동시킬 작품을 쓰게 된다.

● 땅의 흙 색깔이 형형색색으로 보이는 꿈

글을 쓰는 사람은 신비한 문예 작품을 창작하여 신문이나 언론 등에 알려지게 되고, 상품을 개발하는 사람은 성공적인 상품을 만들게 된다.

● 바구니에 흙을 퍼 담아 집으로 갖고 들어온 꿈

금전운이 대통할 길몽. 많은 재물과 이득을 얻게 된다.

● 손에 쥐고 있는 흙이 구더기로 변한 꿈

작은 돈을 들여 투자한 것이 좋은 기회를 맞아 큰돈으로 불어나게 된다.

● 여러 곳에 흙더미가 쌓여 있는 꿈

하고 있는 일이나 사업이 여러 곳에서 성과를 올리게 되는 행운몽이다.

● 자기가 흙무더기를 무너뜨리는 꿈

사업이나 일에 있어 방해자나 방해요소가 있겠지만 물리칠 수 있다. 혹은 병을 앓게 되지만 금방 털고 일

자연

어날 수 있을 것이다.

● 자기의 몸이 흙 속으로 빨려 들어가는 꿈
땅이나 어떤 세력을 크게 얻을 것이다.

● 흙으로 사람의 형상이나 동물, 물건 등을 만든 꿈
어려운 고비를 극복하고 일이 성공적으로 풀리며, 재
물이나 사업성과를 얻게 된다.

● 흙으로 마당을 돋우는 꿈
사업기반이 확장되거나 튼튼해진다.

자연

아들태몽 3

* 아내가 비단옷을 입은 꿈을 남편이 꿀 때
* 아침 해가 솟아오르는 꿈
* 여자가 관을 쓰고 띠를 두른 꿈
* 연못에 물고기가 놀거나 꽃이 핀 것을 본 꿈
* 용, 소, 말, 큰 뱀, 거북, 학, 곰, 벌집 등을 본 꿈
* 임신한 부인이 물고기를 낳는 꿈
* 잉어가 기운차게 뛰는 꿈
* 자신이 올라가 있는 큰 소나무 밑에서 사자가 으
  르렁거리는 꿈
* 제비 한 마리가 자신의 집 마당으로 내려오는 꿈
* 참새 떼가 품안에 날아드는 꿈
* 하수구에서 둥둥 떠오는 보물을 얻는 꿈
* 학을 타고 동자가 내려오는 꿈
* 학이 품안에 들어오는 꿈
* 학이 뜰 앞에서 사람과 어울려 노는 꿈
* 햇볕이 침실에 비치는 꿈

제7장

장소

● **감옥 안의 죄수가 누군가에게 맞는 것을 보는 꿈**

주식이나 채권 등에서 돈을 벌게 되
거나 도박이나 게임 등에서 큰돈을
따게 되는 등 재물이 들어올 길몽이다.

● **감옥이 깨끗하게 청소되어 있는 꿈**

소원이 이루어지고 모든 것이 순조로워진다.

● **감옥에 갇혀 있는 사람이 울고 있는 소리를 듣는 꿈**

곤란사의 해소와 사면, 출옥 등의 기쁨을 얻게 된다.

● **교도소가 무너지거나 문이 열리는 꿈**

가족이나 아는 사람이 감옥에 가 있는 경우 특사나 감
형을 받고 출옥을 하게 될 것이다.

● **자신이 감옥 안에 있다고 생각하는 꿈**

사업이나 추진 중인 일, 작품 활동 등에 어려운 일이
생기지만 귀인이나 은인이 나타나 도움을 주어 일이
해결될 것이다.

장소

● 자신이 감옥에 들어가 형벌을 받는 꿈

영화롭고 부귀하며 의식주가 생기고 크게 운세가 열리는 길몽이다.

계단 · 사다리

● 까마득하게 보이는 돌계단을 올라간 꿈

평소에 자기가 해왔던 일이 좋은 성과를 보게 되고, 그 일로 인해 상부로부터 표창 등을 받게 될 징조다.

● 사다리를 통해 지붕에 오르는 꿈

직장인들은 승진이 되고, 상부층과의 거래가 성립되며, 기관이나 공공단체에 의해 사업이나 소원이 성취된다.

과수원

장소

● 과수원 안에 들어가거나 열매가 주렁주렁 달린 나무 사이를 산책하는 꿈

재물이 모이고 이권이 생기며 사업이나 명예, 직장의 안정과 번창을 누리게 된다.

● 과수원 길이 환히 보이는 꿈
하고 있는 사업의 전망이 매우 밝아서 노다지를 일구
게 될 가능성이 높다.

관공서

● 관공서의 현관문이 열려 있는 꿈
청탁하려는 일이나 방문의 목적이 수월하게 이루어진다.

● 관공서에서 관리들이 회의를 하는 자리에 자기도 참
석해 앉아 있는 꿈
재물이 풍성해지며 출세할 기회를 얻게 된다.

교회

장소

● 교회(성당)에서 찬란한 광채가 쏟아져 나오는 꿈
명예와 높은 지위를 얻게 되고 금전상의 큰 이득을 보
게 된다.

● 교회당에서 울려 퍼지는 종소리를 듣는 꿈
어떤 사상이나 이념, 학설 등이 전파되거나 기쁜 소식

을 듣게 될 것이다. 혹은 자기가 하는 일이 성공하여 크게 이름을 날리게 될 수도 있다.

● 교회에서 하느님에게 천당에 가게 해달라고 간절히 비는 꿈
직장에서 승진을 하게 되거나 미혼이라면 혼담이 오가거나 결혼이 성사될 꿈이다.

● 교회의 제단을 높게 쌓는 꿈
재물이 들어와 실속 있게 쌓이게 될 것을 암시하는 꿈이다.

● 자신이 절이나 사당, 교회 등을 짓는 꿈
집안에 좋은 일이 발생하여 가업이 번성하며 재물이 늘어나고 명예가 높아지는 기쁨을 얻게 된다.

● 양 한 마리가 교회 안으로 들어가는 꿈
성직자가 되어 참된 사랑으로 많은 사람에게 영향을 미치게 된다.

장소

● 군대가 적진을 향해 군기를 들고 전진하는 것을 보는 꿈
자신의 아이디어나 전략 등이 기업이나 관청 등에서 채택되어 성공하게 될 것이다.

● 군에 입대하여 군복을 입고 있는 꿈
학생이나 취업을 준비하는 사람이 이런 꿈을 꾸면 곧 사회생활을 하게 될 징조다. 그러나 이미 직장인이라면 직장 내에서 받은 스트레스의 표출일 수 있다.

● 자신이 군대의 지휘권을 위임받거나 통솔권자가 되어 무엇을 지시하는 꿈
입신의 호기를 맞아 출세하거나 대성공을 거두어 부귀ㆍ번성하여 많은 사람들의 추앙을 받게 되고, 시험이나 추첨에서 당선ㆍ합격하는 등 영화를 누리게 된다.

● 자신이 군인이 되어 큰 소리로 군가를 부르는 꿈
승진, 당선, 입학, 합격, 학위, 자격취득 등과 관련이 있는 행운몽이다.

장소

궁궐

● 금빛 찬란한 궁궐이나 집이 보이는 꿈
부귀공명하고 입신출세한다. 일에 크게 성공하게 된다.

● 대저택이나 궁궐에서 자신이 살고 있는 꿈
사람들이 우러러보는 신분이나 지위에 오르게 되어
장차 부귀영화를 누리게 될 것이다.

● 어떤 사람의 도움으로 성문 위로 올라가는 꿈
협조자나 은인, 귀인의 도움으로 높은 지위에 오르게
된다. 또한 좋은 직장에 취직하게 되거나 생각지 않은
승진, 영전을 하게 될 좋은 꿈이다. 혹은 현재 겪고 있
는 어려움을 누군가의 도움으로 헤쳐나가게 될 것이다.

다락 · 벽장

● 다락에서 무수한 벌레가 기어 나오는 꿈
연구나 사업에 있어 큰 성과를 얻을 것이다.

● 문서를 다락에 넣었다 꺼낸 꿈

오랫동안 연구한 학업의 결과를 세상에 발표하게 된다.

● 자신이 다락에 숨어 있는데 갑자기 호랑이가 덤벼들어 물린 꿈
어떤 기관에 청탁 또는 심사를 요구한 일이 원만하게 성사되어 명예가 주어진다.

다리(대교)

● 나무다리가 보이는 꿈
자매결연, 인연, 전달, 섭외, 소개 등으로 서로 상부상조하게 된다.

● 다리를 건너는데 그 다리가 까마득히 멀어 보이는 꿈
어떤 일을 시작하든 오랜 시간이 걸리겠지만 다리가 튼튼해 보였다면 결국 일을 성취하게 될 것이다. 그러나 노인들이 이런 꿈을 꾸게 되면 사망의 징조로 볼 수 있다.

● 다리를 건설하는 공사에 참여한 꿈
좋은 쪽의 변화가 생기게 될 꿈이다. 새로운 일에 뛰

장소

어들어 성공을 거두고 원하는 바를 이루게 된다.

● 다리 위에서 아래를 내려다보는 꿈
조직에서 승진하게 되거나 하부 조직을 다스리는 일을 하게 된다.

● 다리 위에서 큰 소리로 시끄럽게 떠들어대는 꿈
물질이나 금전의 거래에서 소득이 큰 폭으로 증가하게 되는 길몽이다.

● 자신이 다리 위에 편안히 앉아 있는 꿈
관직에 나아가게 되거나 취직을 하게 될 것을 예시한다.

담·벽

장소

● 누군가 담 위에 올라 자기의 신상을 알리려고 하는 꿈
입학시험에 합격하거나 누군가에게 부탁할 일이 생긴다.

● 누군가의 집 담 안쪽에서 주인이 과일을 따 주는 꿈
공공기관이나 회사의 경영자가 자신에게 어떤 보상을 해줄 일이 생기거나 그 기관에 채용된다.

● 누군가의 집 울타리에 꽃이 만발한 것을 보는 꿈
정신적 물질적인 사업이 관련 기관을 통해 성취되거나 명예를 얻을 일이 생긴다.

● 담이 무너져 밖이 크게 내다보이는 꿈
사업이 크게 일어나거나 대길할 운을 예시한다.

● 도둑이 자기 집 담을 뚫고 들어오는 꿈
사업이나 학문적 연구에 협조해줄 사람이나 배우자를 얻게 된다.

● 많은 사람들이 담이나 벽을 쌓는 꿈
많은 사람들의 도움으로 자기의 세력권이 넓게 확장되거나 학문적인 업적을 이룰 수 있을 것이다.

● 벽이나 담이 완전히 무너지거나 큰 구멍이 뚫리는 것을 보는 꿈
새로운 기관이나 사업체에 관여하거나 자신의 일이 대외적으로 크게 공개된다.

● 앞에 있던 철조망 울타리가 낮아지는 꿈
사업이나 추진하던 일, 소원 등이 무난히 이루어진다.

목욕탕

● 따뜻한 물이 넘치는 욕조에 몸을 담그고 있는 꿈
환자였다면 병이 치료될 징조다. 사업
상 어려움을 겪고 있었다면 이
제부터는 서서히 일이 풀리게
된다.

● 목욕을 하는데 누군가 등을 밀어주는 꿈
누군가 자기의 사업이나 일을 도와줄 사람이 생기게
될 것이다.

● 목욕탕 안의 물이 넘칠 정도로 많고 깨끗한 꿈
컨디션이 좋아 기분이 좋을 것이며, 근심 걱정이 없어
즐거운 마음이다. 자기의 소원을 만족시킬 만한 어떤
기반이나 조건이 충족되어 소원이 성취될 것이다.

장소

● 길을 가는데 묘지가 높이 솟아 있는 것을 보는 꿈
고급 관리나 거대한 사업가 등과 상대할 일이 생기거
나 직장인이라면 승진 또는 성공을 하여 직위가 높아
져 권세가 생긴다.

● 국립묘지나 왕릉을 찾아 경건한 마음으로 참배한 꿈
사업상 어려움에 처해 고위층에 있는 권력자의 도움
으로 사업이 잘 풀리게 된다.

● 공동묘지에서 거니는 꿈
어려움이 해결되고 행운이 찾아올 징조다.

● 공동묘지에 신원을 알 수 없는 시체를 묻는 꿈
사회사업에 투자하게 된다.

● 꽃이 만발한 가운데 무덤이 있는 꿈
중년 이후에 이르러 크게 성공하고 사회적인 업적을
남기며 큰 기관을 소유하여 명성과 부귀를 과시하게
될 것이다.

장소

● 능을 파헤치는 것을 보는 꿈

새로운 직장을 구하거나 전업을 하게 되고 오랜 기간
연구하던 학문적인 성과를 얻게 된다.

● 멀쩡하던 무덤이 갈라지는 것을 보는 꿈

시험에 합격하여 입학을 하거나 원하는 직장에 취직
을 하게 된다. 또는 범죄 수사에 단서를 잡게 되어 주
위의 칭찬을 듣게 된다.

● 무덤 옆에 상여나 정자가 있는 것을 보는 꿈

자신의 집안이나 가까운 사람에게 큰 인물이 태어나
서 명예와 영광을 세상에 과시하게 된다.

● 무덤에 불이 나서 활활 타는 꿈

어렵게 진행되던 사업이 순조로워져 크게 번성한다.
이로 인해 물질적으로도 여유로워질 것을 예시한다.

● 무덤에 햇빛이 비치는 것을 보는 꿈

하고 있는 사업보다 더 큰 사업을 시작하게 되거나 확
장을 하고 직장인이라면 승진을 하게 된다. 또는 배우
자와 헤어진 사람이라면 재혼할 일이 생길 수도 있다.

장소

● 무덤을 파헤쳐 보니 금은보화가 쏟아져 나오는 꿈
정신적으로 도움을 받거나 물질적인 유산을 상속받게
되고 학문을 하는 사람이라면 연구 실적을 얻어 신분
이 상승된다.

● 무덤이 금잔디로 잘 관리되어 있는 꿈
어떤 협조 기관이나 능력 있는 협조자의 도움으로 지
위가 오르고 명예로워진다.

● 산을 돌아다니면서 명당자리를 선정하게 되는 꿈
세력 기반을 형성하고 집터 등을 마련하게 되고, 횡재
할 기회가 생긴다. 또는 실제로 묘지를 마련할 일이
생길 수 있다.

장소

● 어떤 무덤 옆에서 노는 꿈
자신이 바라는 곳에 취직이 되거나 계획하고 추진 중
인 사업을 벌이게 된다.

● 자신이 직접 눈으로 무덤을 파고 관을 묻는 것을 보
는 꿈
값진 물품 등을 남몰래 챙길 일이 생길 수 있다. 또는

집을 새로 사들이는 일과 관계하게 된다.

● 조상의 무덤 위에 큰 나무가 있거나 꽃이 만발해 있는 꿈
길몽이다. 직장인이라면 사장이 되거나 승진을 하는 등 명예로운 일이 생기고 집안에 경사스런 일이 생긴다.

● 조상의 산소를 찾아서 성묘를 하는 꿈
자신의 힘만으로는 벅찬 일이 생겨 협력자나 유력자를 만나 그들의 도움으로 일이 이루어진다.

문

● 대궐 문처럼 크고 웅장한 문을 열고 안으로 들어간 꿈
실력을 인정받아 최고의 자리에 오르게 될 것을 암시하는 꿈이다.

● 대문 위에 남자와 여자의 문패가 나란히 걸려 있는 꿈
집안이 화목해지고 새로운 변화와 발전을 가져다준다.

● 문이 열려 있었던 꿈

장소

앞으로의 운세가 트여 있음을 말해주는 꿈이다. 그간 어려운 상황에 처해 있었다면 어려움에서 벗어나 일이 잘 풀리게 된다.

● 문이 저절로 열린 꿈
운세가 트여 무슨 일을 추진하든 저절로 잘 풀려나갈 좋은 징조의 꿈이다.

● 문을 새로 만들어 다는 꿈
새로운 일에 뛰어들어 의욕적으로 일하게 될 징조다.

● 처녀가 대문을 나서서 산 또는 무덤으로 걸어가는 꿈
취직이 이루어지고 혼사가 이루어진다.

장소

방

● 잠가놓은 방문을 열쇠로 열고 들어가는 꿈
해결이 난해하거나 어렵던 일이 의외로 쉽게 해결됨을 예시한다.

● 백화점에서 금은보화를 사는 꿈

많은 재물과 돈이 생기고 부자가 된다. 경사스러운 일, 횡재, 물품, 선물 등의 길운이다.

● 아는 사람을 백화점에서 만나는 꿈

문서 계약이 잘 이루어지고 금전문제도 풀릴 징조. 공직자는 소원하던 일을 성취시키고 중임을 받게 된다.

병원

● 병원에 입원해서 의사가 약을 주어 받아먹는 꿈

직장 상사나 선배가 자신의 일이나 업무 처리에 대해 충고를 해주어 일이 잘 풀리게 될 것을 암시한다.

● 병원에서 노인 의사를 만나는 꿈

뜻밖에 훌륭한 귀인을 만나 지도와 도움을 받고 좋은 결과를 얻는다.

● 자신이 큰 병에 걸려서 수술을 받다가 죽는 꿈

장소

집을 사고 팔 일이 생기고 결혼이 성사되며, 사업을 시작하게 되거나 작업 중인 작품이 완성된다.

부엌

● 먼 곳에 있는 사람이나 여행 중인 사람을 부엌에서 만나는 꿈
조만간 소식을 듣게 되거나 혹은 떠난 사람이 돌아오게 될 귀환의 징조다.

● 부엌, 주방에서 물을 마시는 꿈
먼 곳에 있는 친인척의 소식이나 안부를 듣게 된다.

● 반찬거리가 부엌에 가득 쌓여 있는 꿈
자금이 없어 실행에 옮기지 못한 사업 계획에 자금이 만들어지게 된다.

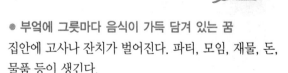

● 부엌에 그릇마다 음식이 가득 담겨 있는 꿈
집안에 고사나 잔치가 벌어진다. 파티, 모임, 재물, 돈, 물품 등이 생긴다.

장소

● 자기 집 부엌으로 관이 들어가는 꿈

횡재를 하거나 재물이 들어오게 될 재수 있는 꿈이다.

옥상

● 옥상 광고탑에 네온사인 불빛이 휘황찬란하게 빛나는 꿈

집안에 경사스러운 일이 있고 즐거운 모임자리에서 낭만적인 분위기를 만끽한다. 분위기 있는 곳에서 애인과 같이 데이트를 갖게 된다.

우물

● 동물이나 물고기를 잡아 우물 속에 넣어 키우는 꿈

큰 기관이나 자신이 종사하는 회사 등에서 큰일을 맡게 되고, 그 일이 성공하여 재물과 명예·명성을 얻게 된다.

● 목이 말라 우물을 찾아 헤매다가 우물을 발견하여 반가운 마음을 갖게 되는 꿈

오랫동안 기다려왔던 취직을 하게 되거나 사업 등을

장소

벌이게 된다. 또는 그와 관계된 일을 위하여 기관이나 회사를 물색하게 되며 그 일이 이루어진다.

● 우물가나 수돗가에 물이 가득 든 동이가 있는 것을 보는 꿈
자신이 직장 생활하는 데 있어 바라고 있었던 급여액을 받게 된다.

● 우물가에서 세 두레박의 물을 그릇에 퍼 담는 꿈
예상하지 못했던 일이 세 차례 생기고 그것으로 인해 돈을 벌게 된다.

● 우물물 등에 갑자기 몸이 얼어붙는 꿈
사업이 순조로워 장차 크게 번성하거나 신분이 귀해지고 영화로워진다.

● 우물물을 떠서 손발을 씻을 때 시원함을 느끼는 꿈
그동안 자신을 괴롭히던 근심이나 걱정이 사라지고 결혼을 하게 되거나 청탁, 입학 등에 관한 문제가 해결된다.

● 우물물이 철철 넘쳐흐르는 것을 보는 꿈
자손이 번창하고 사업이나 추진 중인 일, 가업 등이
크게 번성하여 재산을 쌓게 될 것이다.

● 우물물이 하늘로 솟구치는 것을 본 꿈
사업이나 집안이 크게 번성할 것이다.

● 우물물이나 수돗물을 잔뜩 마셔서 배가 부른 꿈
회사에 취직이 되거나 관청에서 반갑고 속 시원한 소
식이 있다. 그리고 직장에서 승진을 하거나 힘겨운 일
을 잘 처리하여 명예를 얻게 된다.

● 우물에 자신의 그림자가 선명하게 비치는 꿈
바라던 직장에 취직을 하게 되거나 입학시험, 고시,
자격증 시험 등에 합격하게 된다.

● 우물에다 물을 퍼다 부은 꿈
사업 자금도 풍부하고 많은 수익을 올리게 될 것이다.

● 우연히 우물 안을 보았는데 물에 산이 비쳤던 꿈
생각지도 못했던 큰 사업체의 경영을 맡게 되거나 도

장소

움을 받게 된다. 또는 배우자를 만나 행복한 결혼 생활을 하게 된다.

● 자기 집의 수도가 아닌 공동우물에서 물을 길어와 사용하는 꿈
사회사업이나 공공기관, 개인 사업 등에서 두각을 나타내어 성공하게 되고 재산을 모은다.

● 잘 다듬어진 큰 우물에서 물을 한 동이 퍼냈는데, 부엌에 가보니 독과 함지박에 물이 가득한 꿈
어떤 기관으로부터 막대한 재물이 들어올 것을 예시해주고 있다.

● 집 안에 우물이 생기는 꿈
사업을 시작하거나 혼담이 오갈 것이다. 혹은 직장을 잡게 될 것이다.

은행

● 은행에다 돈을 저금하는 꿈
유비무환, 삶의 축적 등을 상징하는 길몽으로, 실제로

알뜰생활로 은행에다 저축하여 많은 돈을 축적하게 되거나 계를 들어 목돈을 타고 사적 거래를 하게 될 징조.

● 은행에서 대출을 받는 꿈
횡재를 하거나 뜻밖의 재물과 목돈이 생긴다. 곗돈, 뭉칫돈이 생기는 등 재수대통의 길운이다.

장독

● 된장독에 구더기가 생겨 득실거리는 꿈
사업밑천을 가지고 이차적인 생산을 하게 된다.

● 장독대 위에 큰 항아리들이 늘어서 있는 것을 보는 꿈
집안의 재물도 늘고 집안 식구들이 장수하게 된다.

● 장독 항아리 안에 맑은 물이 가득 담겨 있는 꿈
천기와 수기가 통하므로 매사에 재수가 대통하고 마음먹은 대로 소원성취하게 된다. 횡재, 재물, 돈, 식복, 기원, 희망, 성취 등이 따라올 것이다.

장소

● 큰 항아리와 작은 단지들이 뒤섞여 있는 꿈
여러 사람 및 여러 단체들과의 협력 또는 동업 등으로
이득이 발생한다.

장례식장

● 누군지 모르는 사람의 장례식에 간 꿈
뜻하지 않은 횡재를 하게 된다.

● 상주가 되어 상복, 굴건을 하고 상장을 짚고 있는 꿈
앞으로 크게 성공하여 물질적으로 뿐만 아니라 정신
적으로 풍요로운 삶을 살게 된다.

● 자신의 장례식이 치러지는 꿈
인생의 새로운 출발을 의미하는 꿈이다. 직장이나 직
업 자체를 바꾸게 되든지 새로운 사업을 시작하게 되
든지 결혼을 하게 된다.

● 장례식에 찾아가 상제에게 절을 하는 꿈
소망하는 일이 이루어지거나 추진하던 일이 잘 풀린다.

● 초상집에 가서 일을 거드는 꿈

사회적으로 지위가 높아지고 재물도 들어오게 된다. 간혹 주변 사람의 죽음을 예시하는 경우도 있을 수 있다.

절

● 목탁 소리가 법당 밖으로 울려 퍼지는 꿈

세상에 소문이 나거나 감동을 줄 일이 생길 것을 예시한다.

● 법당에서 불경을 외우는 꿈

학문 연구나 어떤 소청을 당국에 하게 되고, 그 소원이 이루어진다.

● 사찰 법당에서 부처님을 보는 꿈

마음먹은 대로 소원성취하고 모든 만사가 순리적으로 풀리게 된다.

● 숲 속에서 절이나 별장 같은 것을 발견하는 꿈

학문적인 업적이나 사업성과를 남기게 된다.

장소

● 절간에서 물을 마시는 꿈

승진이나 영전을 하게 될 것이다. 혹은 취직이 되거나
새로운 근무지로의 발령이 있을 것이다.

● 절에서 작은 돌부처를 얻어와 집 안에 잘 모시는 꿈

승진과 출세, 성공, 시험 합격 등을 암시하는 길몽이다.

정원 · 마당

● 가랑잎이나 솔잎 등이 바람에 날아와 자기 집 앞마
당에 잔뜩 쌓이는 꿈

재물이 모이게 된다. 만약 마당의 쓰레기를 쓸어 불태
우면 근심이나 걱정이 해소된다.

● 자기 집 뜰에 꽃과 새들이 가득 차 있고 가족 중 누
군가가 활짝 웃고 있는 꿈

사업이나 집안이 융성하고 영화로워지며, 밝은 앞날
이 펼쳐질 것을 예시한다.

● 잘 가꿔진 정원을 거닐었던 꿈

마음이 안정되고 사회적인 지위가 안정세에 들어섰음

장소

을 알려주는 꿈이다. 멋진 정원에서 연인과 함께 산책을 했다면 그 연인과 행복한 결혼을 하게 될 암시다.

● 집 앞마당에 풀이 소복하게 돋아나는 꿈
길몽이다. 사업상 이득이 생기게 되거나 승진, 취직, 합격 등의 좋은 일로 반드시 실현된다.

지붕 · 천장

● 자기가 지붕에 오르는 꿈
신분이 고귀해지거나 직위가 올라가게 될 것이다.

● 천장에 있던 무수한 파리 떼를 말끔히 쓸어내는 꿈
가족 중 누군가 병을 앓고 있다면 씻은 듯이 낫게 될 것이다.

● 천장에서 비가 새어 방바닥으로 빗물이 떨어지는 꿈
뜻밖의 행운이 찾아와 집안 살림이 넉넉해지고 부유한 생활을 하게 될 징조다.

장소

지하실

● 자신의 집 지하실에 물이 가득 차 있는 꿈
큰 재물이 생기게 된다.

● 지하실 안에서 불빛이 새어나오는 꿈
긴급 정보와 비밀을 캐낸다. 연구, 소식, 저술, 전략,
희망 등의 길조이다.

집

● 새집을 사거나 새로 짓는 꿈
소원이 성취될 때가 무르익었음을 암시한다. 그동안
고생을 했다면 이제부터는 고생 끝, 행복 시작이다.

● 자기 집에서 빛이 환하게 새어 나오는 것을 보는 꿈
집안의 자손들이 번창하고 귀한 신분이 될 것이다. 또
한 사업이 번창하거나 관직에 나아가게 될 것이다.

● 자기 집으로 짐이나 물건 등을 들여오는 꿈
재물이나 사업 자금 등을 끌어오게 될 것이다.

장소

● 자기가 커다랗고 좋은 저택의
주인이 된 꿈

재산이 늘고 높은 지위에 올라갈
징조다.

● 집안이 몹시 가난해진 꿈

운세가 탁 트여서 밝은 미래가 열릴 징조다.

● 집을 새로 증축하는 꿈

사업을 크게 확장할 일이 있을 것이다.

● 집을 수리하는 꿈

환자라면 차도를 보이고 건강을 회복하게 될 암시다.
그간의 어려움이 서서히 해결되고 새로운 준비를 하
게 될 것을 암시하는 꿈이다.

● 집을 파는 꿈

이사를 하거나 직장을 옮기게 되는데, 자신에게 유리
한 쪽으로의 변화일 가능성이 높다.

● 집이 폭삭 무너지는 것을 보는 꿈

장
소

만약 새로 이사한 집이 무너지는 꿈이었다면 큰 행운이 찾아올 징조다.

창고

● 창고 안에 관이나 그 속에 송장이 있는 것을 본 꿈
물질적인 성과나 돈을 얻게 된다.

● 창고 안에 들어가 있는 꿈
경영 및 재물의 관리가 잘 이루어지고 좋은 기회를 만나게 되어 물질적 안정 및 성공을 이루게 된다.

● 창고나 부속건물 등 바깥채를 건축하는 꿈
지위를 얻게 되거나 재물이 늘어나고 사업과 목표로 하는 일이 순조롭게 진행되어 발전하게 된다.

● 창고 안에 볏섬이 가득 들어차 있는 꿈
부자가 되거나 입신양명한다.

축대

● 축대나 둑을 쌓는 꿈

행운이 찾아올 길몽이다. 사업이나 추진 중인 어떤 일에 있어 그동안 노력하고 애쓴 공이 이익을 가져오게 될 것이다. 혹은 헌 집을 헐고 새 건물을 짓거나, 집 없는 사람은 집을 장만하게 될 수도 있다.

터널

● 터널 속에서 한줄기 빛을 따라 밖으로 나오게 된 꿈

어려운 문제가 해결되고 운이 트여 모든 일이 잘 풀려 나갈 길몽이다.

화장실

● 화장실 바닥이 온통 대소변으로 덮여 있어서 지저분했던 꿈

재물이 쌓이고 집안에 경사가 겹칠 암시다.

● 화장실 변기에 앉아 무슨 생각에 골똘히 잠겨 있었던 꿈

문제의 해답을 얻게 된다. 어려움에 직면해 있더라도

지혜롭게 헤쳐나갈 수 있으며 성공을 거두게 된다.

● 화장실에 앉아서 화장을 하는 꿈
소원이 이루어지거나 근심 걱정이 사라지게 될 것이다.
혹은 직위나 직급, 신분이 새로워질 일이 있을 것이다.

● 화장실에서 일을 보다가 변이 몸에 묻은 꿈
사업이 번성하고 집안이 번성할 재수 좋은 꿈이다.

● 화장실을 말끔하게 수리하거나 청소하는 꿈
집안 살림이 넉넉해지고 재물이 쌓여 돈 걱정을 하지
않아도 된다.

● 화장실에서 아기를 출산하는 꿈
재물과 이권이 생기고 새로운 기회를 얻어 발전 · 번
창하게 된다.

● 화장실에 불이 환하게 켜져 있는 꿈
물질적으로 풍요로워지고 무슨 일을 하든 잘 풀리게
되는 운수대통의 꿈이다.

장소

제8장

행동 · 사건

건너다

● 예술 조각품으로 만들어진 돌다리를 건너가는 꿈
미래를 위한 계획을 세운다.

걷다

● 걸음을 잘 걷지 못하는 사람이 잘 걷는 꿈
어떤 일이나 사업이 성취되거나 어떤 기쁜 일이 생겨
세상에 알릴 일이 생길 것을 예시하는 꿈이다.

● 새로 닦인 길을 걷는 꿈
깨끗하게 닦인 새로운 길처럼 자신의 앞날이 만사형
통할 길몽이다.

● 자신의 옆에서 누가 걷는 꿈
같이 일할 사람이나 도와줄 사람, 정신적 물질적 후원
자가 있거나 만나게 될 것을 의미한다. 원하는 일이
순조롭게 풀려나간다.

행동 · 사건

결혼하다

● 다른 사람의 결혼식에 가서 축하해주는 꿈

오래지 않아 자신의 신상에 좋은 일
이 생기게 된다. 미혼남녀는 배필을
만나게 되거나 애인이 생기게 되는
기쁜 일이 생긴다.

고문당하다

● 체포되어 고문을 당하는 꿈

경제적으로 윤택해지고 행운을 거머쥐게 될 행운의
꿈이다.

그리다

● 대문이나 담에 글씨를 쓰거나 그림을 그리는 꿈

여러 사람에게 이름을 알리게 될 일을 한다. 유명 인
물과 교분을 맺거나 어떤 분야에서 두각을 나타낼 기
회가 주어진다.

행동·사건

기도하다

● 부처님이나 보살 전에 합장하는 꿈
집안에 부처님의 자비 광명이 있고 마음먹은 대로 소원성취하게 된다.

● 탑을 돌며 기도하는 꿈
권력가나 기관에 소청을 해서 그 소원이 이루어진다.

● 하늘을 보며 공손히 합장을 하는 꿈
천우신조로 대업을 성취하고, 참되고 어진 사람이 된다.

낚시하다

● 낚싯줄로 물고기를 잡아 올린 꿈
계략이나 지혜로 돈을 번다. 또는 도움을 줄 사람을 만나게 되거나 일거리를 얻게 될 것을 암시한다.

날다

● 누군가에게 쫓기다 하늘 높이 날아 도망치는 꿈

행동·사건

현실에서의 어려운 일을 잘 넘기게 되거나 고민, 근심 등을 잘 해결하게 된다.

● 애인의 손을 잡고 함께 하늘을 나는 꿈
미혼인 경우 혼담이 이루어지고, 사업가는 사업이 뜻하는 대로 잘 경영되어갈 것이다. 학생은 성적이 오른다.

● 하늘로 날아오르는 꿈
권력과 명예를 얻게 될 암시다. 직장에서는 승진하게 되며 시험에 무난하게 합격하게 된다.

내려가다

● 완만한 산길을 기분 좋게 내려가는 꿈
이제부터 힘들이지 않고도 일이 순조롭게 풀려나갈 것을 암시한다.

노래하다

● 대중 앞에서 노래하는 꿈
자신의 사상을 피력하거나 선전, 호소 할 일이 생겨

행동·사건

명성을 떨치며 사람들을 따르게 할 일이 생긴다.

● 아무도 없는 빈 공간에서 혼자 노래하는 꿈
어떤 사상을 세상에 알리게 된다. 또는 자신이 짝사
랑하던 상대에게 사랑을 고백하여 상대방으로 하여금
자신을 따르게 할 일을 하게 된다.

노름하다

● 옆에 자신의 명함이 한 상자 가득 담겨 있고 누군가
와 화투를 치는데 장땡이 나오는 꿈
정치에 뜻이 있는 사람은 국가적인 선거에서 당선이
되고, 일반인은 복권이 당첨되어 뜻밖의 횡재를 하게
된다.

놀다

● 가위바위보를 하여 이기는 꿈
자신이 이기는 꿈이라면 소원이나 계획한 일, 혹은 어
떤 경쟁하는 일에서 성공할 수 있다.

행동·사건

● 딱지치기, 공기놀이 기타 장난감 놀이를 하는 꿈

어린이가 이런 꿈을 꾸면 성적이 올라가고, 어른의 경우에는 사업이 성공하여 재산을 쌓을 수 있게 된다.

● 보물을 찾기 위해 흙을 헤치다 보니 해골이 나와 자지러지게 놀라는 꿈

자신이 쓴 논문이 통과되거나 학위를 받게 된다. 또한 재물이나 증서 등을 얻게 될 것을 예시한다.

● 보물찾기를 하는 꿈

하나라도 보물을 찾았다면 소원이 이루어질 뿐만 아니라 계획하고 있는 일도 잘 진행되어 좋은 결과를 얻을 수 있다. 보물은 많이 찾을수록 좋다.

● 오락실에서 오락기계를 이용하여 오락을 하는 꿈

복권 등에 당첨되어 돈이 생기게 되거나 지금까지 노력해온 일들이 잘 풀려 대가를 얻게 된다.

● 윷 또는 주사위를 던져서 점수를 따는 꿈

주사위가 나타내는 숫자와 같은 권리, 돈, 성적을 얻게 되고, 학생이 이런 꿈을 꾸면 나타난 숫자가 상징

행동·사건

하는 만큼의 성적을 얻는다.

눕다

● 가족들이 한방에 누워 있는 꿈
어떤 소식이나 사람을 기다릴 일이 있거나 집안에 어떤 성취될 일을 기다리고 있게 될 것이다.

● 누군가 엎드려 누워 있는 것을 보는 꿈
엎드려 있는 사람이 실제 인물이라면 자신의 뜻이나 의견에 잘 따르게 될 것이다. 그것이 일이나 직업, 직장을 상징하는 것이라면 이것들에 관계되는 모든 일들이 시원하게 이루어지겠지만 시간이 좀 걸릴 것이다.

달리다

행동·사건

● 달리기 경주에서 1등을 하는 꿈
어떤 소원이나 계획하던 일이 성취되어 기쁨을 얻을 꿈이다.

● 이어달리기를 하는데 전 주자가 넘겨준 바통을 쥐고

366 ● 좋은 꿈

힘껏 달려 우승하는 꿈

기업에서 후계자가 되거나 위대한 예술
가의 문하생이 된다. 또한 단체나
개인 사업, 학문 등을 인수하게
되고 잘 운영해가게 된다.

데이트

● 애인과 낯선 곳에서 데이트를 한 꿈

오가던 혼담이 성사되거나 큰 이익을 얻을 수 있는 일
거리를 맡게 된다.

등산

● 산 정상을 정복하여 기쁨을 느끼는 꿈

직장에서 인정을 받아 승진하게 되고, 명예나 권세를
얻게 되며, 자신이 지휘하고 있는 일에 성공하거나 기
타 소원이 이루어진다.

● 세계적으로 유명한 산 위에서 자신이 무엇인가 행동
하는 꿈

행동 · 사건

자신의 일이나 직위와 관련하여 유명한 조직이나 기관, 회사 등의 고위층에서 영향력을 행사해 진급이 되거나 자신이 계획하고 있는 일을 지원해주는 일이 생긴다.

● 암벽 등반을 했는데 바위 전체가 여자 젖가슴이었던 꿈
사업이나 추진하던 일 등이 번성하여 풍요로움을 누리게 될 것을 예시하고 있다.

때리다

● 자신이 주먹으로 누군가를 때리는 꿈
불화하던 부부는 다시 서로 화합하게 되고, 미혼 남녀는 결혼을 하게 된다.

● 형제나 자매끼리 서로 때리고 싸우는 꿈
뜻밖에 생각지도 않던 재물이 들어오거나, 집안에 좋은 기회나 행운이 찾아올 좋은 길몽.

떨어지다

● 바닷가 낭떠러지에서 떨어지는데 무서움이 아닌 짜

릿한 기분과 함께 즐거움을 느끼는 꿈
과감하게 시작한 사업이나 어떤 일이 성공을 하게 될
것을 예시하는 꿈이다. 혹은 유흥장소나 공공장소에
서 우연히 좋은 인연을 만날 수 있다.

뛰어넘다

● 길에 파놓은 함정을 뛰어넘은 꿈
어렵고 힘든 여건을 굴하지 않고 잘 극복해나갈 징조.

● 집이나 담, 나무 등의 장애물을 단숨에 뛰어넘는 꿈
목적을 달성하거나 고통에서 해방된다.

먹다

● 대통령이나 임금이 주는 술을 먹은 꿈
어떤 중책을 맡게 되거나 명예와 권리가 주어질 징조.

● 라면을 먹는데, 라면은 없고 만두만 있던 꿈
오랫동안 시달려왔던 구설수에서 벗어나고 오해를 풀
게 될 징조.

행동 · 사건

● 뒷동산에 몰래 뭔가를 묻는 꿈
금전적으로 큰 이득을 얻게 될 암시다.

● 우물에 사람을 넣고 묻어버린 꿈
자기의 사생활을 지키며, 은행에 장기 저축을 하게 될
징조다.

바둑 · 장기

● 바둑을 두는데 처음부터 자신이 백색의 돌을 쥐고
시작하는 꿈
처음부터 유리한 상황에서 시작하게 되어 차츰 자신
의 실력을 발휘해나가게 될 것을 예시한다.

● 윗사람과 바둑을 두어 이기는 꿈
직장이나 단체 등에서 최고의 세력을 확보하게 되고
금전에 대한 권리 등을 확보하게 된다.

행동 · 사건

보다

● 부처님 그림이 보이는 꿈

아름다운 문예 작품을 창작하여 이름을 떨치게 된다. 명예, 상장, 훈장, 경사 등이 있다.

비명

● 누군가가 고통으로 비명 소리를 내는 것을 듣는 꿈

자신과 관계된 어떤 일이 크게 성취되어 많은 사람들이 감명을 받게 된다.

● 자신이 살려달라고 악을 쓰거나 비명을 지르는 꿈

크게 명성을 떨치거나 소문날 일이 생겨 감동 받을 일이 있다.

사다

● 그림을 사 오는 꿈

유명작가의 책을 선물 받게 되거나 상장이나 학위증, 졸업장 등을 받게 되며, 이로써 사람들에게 인정을 받아 명예를 얻게 된다.

● 신발이나 구두를 사는 꿈
큰돈이 생긴다는 암시다. 또는 자격증이나 입사 시험
에 합격하거나 일의 결실을 보게 될 징조.

성교

● 개가 교미하는 것을 본 꿈
계약이 성립되거나 동업할 일이 생긴다.

● 결혼 전 애인과 성교를 하는 꿈
오랫동안 끌어온 어떤 일이 성취될 것을 예시한다.

● 남의 남편(아내)과 잠자리에 함께 들어 애무하는 꿈
주위의 부러움을 살 정도로 재물과 명성을 얻게 된다.

● 늙은 여성과 성교하는 꿈
오랫동안 계획하던 일을 성사시키게 된다.

● 동물과 성교하는 꿈

그 동물이 상징하는 것과 관련하여 재물을 모으거나 권세를 얻게 되며 일이나 작품 등이 성공하게 된다.

● 많은 사람이 지켜보는 가운데 이성과 성교하는 꿈
여러 사람의 관심을 집중시키는 일을 계획하여 성취한다. 이로 인해 명성을 얻게 된다.

● 사람들이 많이 모여 있는 장소의 한 구석에서 낯선 사람과 성관계를 갖는 꿈
직장에서 능력을 인정받아 높은 자리에 오르게 되고, 가정적으로도 화목하고 집안이 번창하게 될 길몽이다. 미혼이라면 좋은 배필감을 만나 행복한 결혼을 하게 된다.

● 신령한 존재와 성교하는 꿈
모든 사람이 우러러보는 일을 성취시켜 돈과 명예, 명성을 쌓게 된다.

● 이성과의 육체관계에서 만족한 성교를 하는 꿈
계획, 추진하던 일이 만족스럽게 처리되거나 뜻밖의 일로 생각지 못했던 돈이 생긴다.

● 자기 남편(아내), 혹은 자기 애인이 아닌 다른 사람과 성관계를 가지는 꿈
행운의 꿈이다. 뜻밖의 이득을 보게 되며 계획한 일들이 순조롭게 풀릴 징조다.

세수

● 세수를 하거나 머리를 빗는 꿈
질병과 근심이 사라지며 좋아질 것을
예시한 꿈이다.

시험

● 여러 사람과 시험을 봤는데 자신이 1등을 하는 꿈
수많은 사람 또는 다수의 일에 관여해서 경쟁할 일이 있게 되며, 그 경쟁에서 자신이 승리하게 된다.

싸우다

● 싸움을 하다가 자신이 상대방을 물어버리는 꿈
사업이나 추진 중인 일이 호전되어 많은 이익을 내게

될 것이다.

● 친구나 동료와 몸싸움을 하는 꿈
실제로 그 사람과의 사이에 무슨 문제나 갈등이 있었
더라도 곧 원만히 해결될 조짐이 있다.

악수하다

● 검사와 악수하는 꿈
오해가 있어 그동안 불편하게 지내던 사람과 화해를
하거나, 평소 좋지 못했던 관계에 있는 사람으로부터
도움을 받게 될 것을 암시한다.

● 대통령과 악수하는 꿈
자신이 생각하고 있던 실력자에게 도움을 받거나, 뜻
하지 않던 곳에서 횡재수가 있을 것을 암시한다.

● 악수를 나누는데 상대의 손이 따뜻하다고 느끼는 꿈
타인으로부터 사랑을 받거나 도움을 받게 된다.

행동·사건

앉다

● 등나무로 만든 의자에 앉아 있는 꿈

직장에서 승진하거나 좋은 길운이 보인다. 쾌재, 명예
가 있다.

● 헌 책상에 앉아 있는 꿈

부서에서 책임자 또는 우두머리가 된다. 여성은 소띠
나 범띠인 사람과 일을 상의하면 모든 일이 잘 풀린다.

여행하다

● 가족이나 친구와 여행하는 꿈

건강이나 운이 좋아진다는 암시이며 충실한 인간관계
를 상징한다.

연설하다

● 사람들이 많이 모인 곳에서 연설을 하는 꿈

실제로 현실과 같이 직접 체험하게 된다. 어떤 단체나
조직을 주도적으로 이끌거나 작품 등을 발표하게 된다.

행동·사건

376 ● 좋은 꿈

● 열변을 토하는데 모였던 군중이 흩어지는 꿈
자신의 의사를 따라줄 사람이 많게 된다.

연주하다

● 군악대가 연주하며 행진하는 것을 많은 사람들에 뒤
섞여 지켜보는 꿈
단체나 회사의 선전광고를 보고 영향을 받거나 자신
의 욕망을 가지고 도전하는 일이 잘 진행된다.

● 농악을 구경하면서 흥겨워하는 꿈
자신의 일에 대해서 사람들에게 알릴 일이 있고, 다른
사람에게 과시하고 명성을 떨칠 일, 자신의 욕구를 충
족시킬 만한 일이 생긴다.

● 누군가가 부는 나팔 소리를 듣는 꿈
경쟁적인 위치에 있는 집단에 대해서 성명 · 포고를 하
게 되고 어떤 일에 대하여 예고 · 뉴스 등을 하게 된다.

● 신나게 피아노를 쳐서 소리가 크게 울려 퍼지는 꿈
배우자 등을 설득하거나 바라고 원하던 소원이 충족

행동 · 사건

되거나 일이 성공하여 명성을 떨치게 된다.

● 자기가 나팔을 불면서 행진을 하는 꿈
상대방을 움직여 자기의 뜻대로 일을 추진하여 권세를 얻게 되어 명성을 떨치거나 일이 잘되어 광고 또는 소문낼 일이 생긴다.

올라가다

● 나무에 오르는 꿈
입신출세하게 될 것을 암시하는 길몽이다.

● 자신이 하늘로 올라가는 꿈
소원, 계획하던 일 등이 이루어지며 승진이나 영전을 하여 신분이 상승하게 될 것이다.

● 자신이 하늘에 올라가 어떤 물건을 얻는 꿈
취직을 하게 되거나 관직에 나아가게 된다. 혹은 고시, 입학시험 등 어떤 시험을 앞둔 사람은 시험에 합격하게 되고, 미혼인 경우에는 훌륭한 배우자를 만나게 된다.

행동·사건

● 강이나 계곡에서 즐겁게 물놀이하는 꿈

물에 가볍게 몸이 떠서 기분 좋게 헤엄을 치고 있었다면 매사가 순조롭게 진행될 것을 예시한다.

● 넓은 바다에서 수영하는 꿈

근심 걱정이 사라지고 마음의 평온을 찾게 될 암시다. 또는 한시 바삐 마음을 다스려 평온을 찾아야 한다는 내면으로부터의 촉구이기도 하다.

● 농구나 축구 같은 구기 종목에서 자신이 결정적인 골을 넣는 꿈

번창한 사업체를 경영하게 되거나 학문적인 논쟁 등에서 승리하여 개인이나 사회적으로 성공을 거두게 된다.

● 마라톤에서 1등을 해 많은 사람들의 시선을 받는 꿈

사상이나 학술적인 언론 분야에서 일하게 되거나, 사업이 발전하게 되고 직장에서 승진하게 된다. 또한 명예와 재물을 얻게 된다.

행동 · 사건

• 379

● 많은 사람들이 모여 체조하는 것을 보는 꿈
사업이 번성하거나 추진 중인 일이 활발하게 진행되어가고 있음을 나타낸다.

● 운동경기를 하는데 반칙을 하는 꿈
소망이나 욕구가 충족된다. 만약 반칙을 했는데도 심판이나 사회적인 제재를 받지 않았다면 자신이 바라는 것이 이루어진다.

● 운동장에서 멀리뛰기를 하는 꿈
직장에서 승진하여 중앙 또는 지방으로 자리를 옮기게 된다.

● 자신이 기계체조를 하는 꿈
자신의 재주나 능력, 기술 등을 발표하거나 공개하게 되어 돈과 명예를 얻게 된다.

● 축구공을 차 하늘 높이 떠오르는 꿈
사회적으로 공을 세우고 공로를 칭찬받게 된다. 또한 우연한 기회에 자신이 능력을 과시하는 일이 생기고 성공을 하게 된다.

● 혼자서 신나게 운동을 하고 있는 꿈
아주 바쁘게 움직이고 체력을 소모할 일이 생기며, 직장인이라면 승진을 하게 된다.

● 학생이나 어떤 단체가 맨손체조를 하는 것을 보는 꿈
사업에 도움을 줄 사람을 만나거나 자신의 학문적인 홍보 등에 호응해줄 사람들을 만나게 된다.

울다

● 상대방과 서로 마주 보고 우는 꿈
그 상대방이 상징하는 어떤 인물이나 그 사람과 시비가 있겠지만 결국 다시 친한 사이로 돌아가게 된다.

● 서럽게 오열하거나 대성통곡을 하는 꿈
막혀 있던 문제가 한꺼번에 속 시원히 해결되고 기쁨과 행운이 찾아올 길몽이다.

● 자신이 조용히 눈물을 흘리는 꿈
근심이 사라지고 병이 낫게 되며 축하받을 일이 생길 꿈이다.

행롱 · 사건

● 집안에 초상이 나서 집안 식구들이 슬피 우는 꿈
정신적, 물질적인 일이 성사되거나 유산을 상속받아
크게 만족한다.

웃다

● 무언가 기쁜 일이 생겨 만족해하는 꿈
어떤 기쁜 일이 생겨 행복한 생활을 하게 된다.

● 어떤 사람과 마주보며 통쾌하게 웃는 꿈
마주보고 웃은 사람이 실제 인물이라면 그 사람과 의
사소통이 잘 이루어질 것을 의미한다.

● 통쾌하게 웃는 꿈
그동안 바라던 일이나 소원이 충족되거나 근심 걱정
이 해소되며, 기세를 떨쳐 다른 사람이 자신을 따르게
만들기도 한다.

이사하다

● 낡고 오래된 집으로 이사를 하는 꿈

행동·사건

미혼인 사람이 이런 꿈을 꾸면 좋은 배우자를 만나 결혼에 이르게 되는 꿈이다.

● 이사를 가서 새집에 가구와 가재도구를 들여놓는 꿈
운세가 대길하여 날로 발전을 이룰 징조다. 미혼의 경우에는 결혼이라는 커다란 변화가 있을 것을 암시하기도 한다.

임신

● 누군가가 임신하는 꿈
자신의 능력과 매력을 끌어내 줄 사람과 만날 수 있다.

● 해와 달이 뱃속으로 들어와 임신을 하는 꿈
명예, 권세, 예체능의 스타, 부귀공명, 식복, 저축, 학문과 진리 탐구, 기술, 정보, 재물, 경험 축적 등이 있다.

잠자다

● 나무 그늘에 누워 달게 낮잠을 자는 꿈
생활이 여유롭고 편안하게 되며 병을 앓던 환자라면

건강이 회복된다.

전쟁

● 대포, 탱크, 군함, 비행기 등을 이끌고 적과 싸우는 꿈
큰 사업 파트너나 관련 기관을 움직여 일을 처리할 수
있다. 병을 앓고 있는 사람이라면 자선 의료기관이나
장기 기증자 등의 도움으로 병을 치료할 것이고, 사업
가는 좋은 사업 계획을 세울 수 있을 것이다.

● 싸움이나 전쟁 등에서 승리하여 기쁨을 느끼는 꿈
추진 중이던 일이 성공하거나 평소 바라던 일이나 소
원이 이루어져 만족감을 느끼게 된다.

● 전쟁 중에 군대의 행렬을 보는 꿈
목적이나 뜻이 크게 달성될 것을 예시한다.

정리하다

● 방을 새롭게 정리하는 꿈
혼담이 성사되고, 가정부나 일하는 사람을 들이게 된다.

행동·사건

제사

● 식구들이 모여서 조상에게 제사를 지낸 꿈
집안에 불화가 없어지고 화목하고 편안하게 지낼 징조.

● 제사를 지내며 자신이 축문을 읽거나 염불 또는 찬송을 하는 꿈
많은 사람들에게 감동을 줄 일을 하게 되거나 어떤 일을 선언 또는 선전하여 자신을 알릴 일이 있게 된다.

죽다

● 가족이나 가까운 친척이 죽어 슬피 우는 꿈
시간과 노력을 기울여 완성해놓은 일을 되새기거나 작품을 감상하며 즐거워할 일이 생긴다.

● 갑자기 자신이 알고 있는 누군가가 죽을 것이라고 생각하는 꿈
예기치 않은 일이 이루어지거나 결과를 예측할 수 없어 고민하던 일이 성사될 것이다.

행동·사건

● 낯선 사람이 쏜 마지막 한 발의 권총 탄환을 이마에
맞고 죽는 꿈

꿈속에서 자신이 죽는 꿈은 최대의 길몽이다. 사업이
나 학업, 시험, 승진 등에 있어 크게 성취하게 될 것을
예시한다. 또한 큰 횡재수를 예시하기도 한다. 한번쯤
복권을 구입하는 것도 좋을 것이다.

● 누군가가 자신을 죽인 꿈

커다란 행운이 찾아올 암시다. 운세가 호전되고 건강
과 장수를 누리게 되며 마치
제2의 인생이 시작되듯 앞길이
훤히 트이게 된다.

● 누군지 모르는 사람의 죽음을 보고 슬퍼하는 꿈

행운이 찾아오고 기쁜 일이 생길 징조다.

● 독약을 먹고 스스로 자살하는 꿈

어떤 과학적인 방법을 통해 자신이 잘 알지 못하던 분
야를 알게 되거나 사상이나 이념적으로 어떤 영향을
받아 일을 성공시키게 된다.

● 아이를 낳았는데 낳자마자 죽은 꿈
일을 방해하고 자신을 괴롭혀 오던 끈질긴 문제가 결
국은 시원하게 터져 해소될 것을 예시하는 꿈이다.

● 자기가 죽어서 영혼이 되었다고 생각하는 꿈
계획하고 추진하던 사업이 이루어지고 많은 돈을 벌
게 된다.

● 자신이 죽었다고 온 집안이 통곡을 하고 있는 꿈
사업, 일, 작품 등의 성취시켜야 할 일이 성공하여 온
집안 식구가 다 같이 기뻐하고 만족하며 소문낼 일이
생기게 됨을 예시한다.

● 큰 병에 걸려서 수술을 받거나 병원에서 죽는 꿈
집을 사고팔 일이 생기거나 집안의 누군가의 결혼이
성사된다. 또는 새로 사업을 시작하게 되거나 작업 중
인 작품이 완성된다.

● 잘 아는 사람의 집에 초상난 것을 보는 꿈
꿈속의 상대방과 동일시할 수 있는 집에 잔치가 있거
나 그 사람의 사업이 크게 성공하여 사람들의 입에 오

르내리게 될 것을 예시한다.

● 자신이 사형선고를 받고 처형당하는 꿈
사업, 추진 중인 일, 작품 활동, 시험 등에서 크게 성
공하여 출세를 하게 될 것이다. 질병을 앓는 사람이라
면 병이 깨끗이 낫게 되는 등 좋은 일이 일어나는 길
몽이다.

● 절에 갔다 오는 도중 누군가가 차례로 죽고 자신이
죽을 차례에서 잠이 깨는 꿈
어떤 기관이나 회사, 학원, 연구 기관 등을 통해 어떤
일이나 사업 등이 성사되고 재물이나 이권, 권리 등을
획득하게 됨을 예시한다.

죽이다

● 싸움을 하다가 자신의 칼에 두 사람이 동시에 죽는 꿈
어떤 일을 처리하는데 그 결과 두 가지 일이 한꺼번에
성사될 것을 예시한다.

● 누군가를 죽이고 소지품을 빼앗아 가지고 오는 꿈

사업이나 어떤 일을 성취한 후 질적, 정신적인 결과물을 얻게 되거나 돈을 벌게 된다.

● 누군지 모르는 낯선 사람이 살해되어 길바닥에 버려진 것을 보는 꿈
꿈속의 죽은 사람은 바로 자기 자신이 투영된 것이라고 본다. 꿈에서 자신이 죽는 꿈은 길몽에 속하는데 이 꿈 역시 행운이 찾아올 길몽이다.

● 어떤 사람이 낯선 누군가를 죽이는 것을 보는 꿈
다른 어떤 사람의 일로 인해 자신의 일이 간접적으로 성취되게 된다.

● 자신이 누군가를 죽이는 꿈
소원이 성취되고 만사가 형통하며 행운을 만나게 된다.

● 짐승이나 곤충 등 자연의 생명체를 죽이는 꿈
지지부진하던 어떤 일이 성취되어 마음의 짐을 벗게 된다.

쫓다

● 낯선 사람이 뒤쫓아오는 꿈
이기적인 사람을 설득시킬 수 있게 된다.

찾다

● 보물을 찾다가 흙을 헤치니 사람의 뼈가 나오는 꿈
논문이 채택되거나 학위증, 돈 증서 등을 얻게 된다.

● 찾은 물건이 귀중품인 꿈
조만간 뜻밖의 행운을 잡을 수 있게 된다.

찌르다

● 상대방의 가슴을 무기로 찌르는 꿈
어떤 일이나 단체 등의 중심부나 생명선에 타격을 주어 일을 성사시키게 된다.

● 칼로 적을 찌르는 꿈
적이라고 생각되는 사람을 칼로 시원스럽게 찌른 꿈

행동 · 사건

은 현실에서 통쾌한 일이 생기고 권세나 지위를 얻게
된다.

● 땅을 쓸거나 청소하는 꿈
재물과 이권에서 이익이 얻어지게 된다.

● 집 안을 깨끗하게 청소하는 꿈
그간 속을 썩이던 문제가 말끔하게 해결될 암시다.

● 청소를 하다가 뭔가를 발견하는 꿈
행운이 찾아올 것을 의미한다. 혹은 빠른 시일 안에
쾌적한 생활을 할 수 있다.

행동·사건

● 낯선 여성이 자신의 집에 와서 아기를 낳는 꿈
사업상 어떤 성과를 얻거나 발췌본이 출판되고, 저축
이나 투자해둔 돈에 이자가 생기게 됨을 의미한다.

● (미혼 여성이) 자신이 아이를 낳고 있는 꿈

새로운 환경에서 생활하게 될 것을 암시한다. 직장을
얻거나 결혼하는 등 희망찬 미래가 기다리고 있다.

● 세 쌍둥이의 남자아이를 낳는 것을 보는 꿈

어떤 커다란 이권이나 횡재수 등을 얻게 되며, 사업이
성공하고 직장에서 승진을 하게 되는 등의 좋은 일로
실현될 것이다.

● 온갖 짐승들이 새끼를 낳는 것을 보는 꿈

출산의 꿈은 대체로 재산 증식이나 작품의 출판, 이익
배당과 같은 일을 상징한다. 따라서 이러한 꿈은 막대
한 양의 권리나 이권이 오게 될 것을 예시한다.

● 자기 아내가 아이를 낳고 있는 것을 지켜보는 꿈

새로운 사업을 착수하기에 더없이 좋은 시기가 도래
했음을 알려주는 꿈이다.

● 화장실에서 볼일을 보다가 아이를 낳는 꿈

엉뚱한 곳에서 뜻밖의 재물이나 좋은 기회를 얻게 된다.

행동·사건

● 멋진 춤을 구경하는 꿈
파티나 모임에 참석하여 여러 사람들과 흥겹게 보낼 것을 암시하는 꿈으로 잔치나 파티를 하게 될 일이 생길 암시이기도 하다.

키스

● 누군가와 키스를 하는 꿈
꿈속의 상대방에 대한 소식을 듣거나 그 사람의 속마음을 알게 된다. 또한 미혼이라면 그 상대방 이성으로부터 사랑 고백을 듣게 될 것이다.

● 애인과 열렬히 키스를 하고 만족스러웠던 꿈
애인에게서 기쁜 소식을 듣게 되거나 사랑의 고백을 받는다. 혹은 결혼 승낙을 얻는 등 좋은 소식이 온다.

● 인기 연예인이나 유명인과 키스하고 성교를 한 꿈
자기 생애의 최고라고 할 수 있는 명예로운 일에 관계

행동 · 사건

하게 될 징조.

● 가게에서 물건을 파는 꿈
어떤 사람에게 자신의 일거리를 맡기고 그 성과를 기
대할 일이 있게 된다.

● 동성끼리 포옹하는 꿈
상대방과 의견이 맞아떨어져 함께 일을 처리하게 된다.

● 인형이나 장난감 등의 물건을 안는 꿈
자신이 진행 중이던 일을 책임지고 추진하면 재물을
모으게 된다.

● 의사와 포옹하는 꿈
환자는 앓던 병이 낫게 되고 건강을 회복하게 된다.
반가운 사람을 만나게 되거나 기쁨이 있다.

행동·사건

화내다

● 자신이 누군가를 몹시 화나게 하고 있는 꿈
대인관계가 잘 풀리게 되고, 그
로 인해 금전적으로나 업무상으
로 큰 이득을 얻게 된다.

● 화가 나서 소리를 지르는 꿈
자신이 원하던 대로 뜻을 이루게 될 징조다.

훔치다

● 꽃병을 훔치거나 얻는 꿈
미혼 남녀의 경우 자신을 흠모하는 사람과 결혼한다.
직장인은 새로운 지위에 오를 수 있다.

● 누군가의 가축을 빼앗거나 훔치는 꿈
돈과 사람들을 자기편으로 끌어들이게 된다.

딸 태몽

* 가락지를 얻는 꿈
* 교회나 절에서 기도를 하고 있는 사람을 보는 꿈
* 교회나 절에서 자신이 기도를 드리고 있는 꿈
* 그릇에 한가득 과일을 담는 꿈
* 꽃을 한 아름 꺾어서 치마폭에 담거나 가슴에 안는 꿈
* 달이 품안에 떨어지는 꿈
* 딸기, 머루, 앵두 등 작은 과일을 한 움큼 쥐거나 먹는 꿈
* 무명베를 짜는 꿈
* 밤하늘의 달빛을 치마폭에 담는 꿈
* 보리를 얻는 꿈
* 뿔이 없거나 순한 소를 보는 꿈
* 예쁜 암사슴을 보는 꿈
* 잉어를 먹는 꿈
* 작은 뱀을 보는 꿈
* 저녁 해가 서산에 걸친 꿈
* 조개를 보는 꿈
* 화려한 색깔의 비단잉어를 본 꿈

제9장

태몽

갈매기

● 수천 마리의 갈매기가 자기를 둘러싼 꿈

태몽이라면 태아가 장차 입신양명했을 때 부귀영화를
흠모하거나 탐내는 사람이 수없이 많음을 뜻한다. 일
반인이 이런 꿈을 꾸면 희로애락을 같이 해줄 사람을
만나게 된다.

고구마

● 밭에서 붉은 고구마를 캐는 꿈

장차 연구직 같은 전문직에 종사하게 될 사내아이를
낳게 될 것이다. 색깔이 붉은 빛이 아니거나 고구마가
짝수로 있는 것을 보는 꿈은 식복과 재복을 타고나는
딸을 낳을 것이다.

고래

● 고래를 타고 바다를 둥둥 떠다니는 꿈

권세를 잡거나 여성인 경우 재력 있는 남편을 얻게 되며,
임산부인 경우 태몽이며 훌륭하게 될 인물을 낳는다.

태
몽

고양이

● 고양이에게 물리는 꿈

임산부가 이런 꿈을 꾸면 태어날 아이는 장차 고급 관리가 된다. 일반인이라면 관련 기관의 도움으로 사업, 직장 등의 문제가 해결된다.

고추

● 고추밭에서 붉은 고추를 바구니에 가득 따 담아 가지고 집으로 오는 꿈

태몽으로, 태어날 아이는 장차 사업이나 문화, 예술 등에서 큰 수확을 거두게 되며, 하는 일마다 성공하여 많은 재물을 쌓게 될 것이다.

곰

● 새끼 곰이 장난치는 것을 본 꿈

태몽이다. 만약 미혼 여성이 이런 꿈을 꾸었다면 장차 어머니가 될 것에 대한 기대와 불안을 나타낸다.

태몽

● 화재가 일어났는데 자신이 뛰어들어 새끼 곰을 구해
내는 꿈

아들을 잉태하여 순산할 암시가 담겨 있는 행운의 태
몽이다.

공작

● 공작새를 얻는 꿈

임산부인 경우 장차 부귀영화를 누릴 아이가 태어나고,
미혼인 경우 자신의 이상형을 만나게 되며, 작가나 학
자라면 작품이나 연구에서 성과를 얻게 되어 재물과
명예를 한꺼번에 누리게 된다.

과일

● 과수원에 사과나 배가 주렁주렁 열려 있는 꿈

꾸준한 수입이나 성공에 관한 꿈인 동시에, 임신에 대
한 예시이기도 하다.

● 다른 사람의 과일 하나를 훔친 꿈

중매쟁이를 통해서 며느릿감을 얻게 되거나 얼마 안

태몽

있어 아이가 태어날 것이다.

● 신 과일을 보거나 먹는 꿈

레몬, 귤, 석류 등 신맛이 강한 과일을 보거나 먹는 꿈
은 걱정거리가 생길 것을 암시하는 꿈이다. 또는 임신
을 예시하는 경우도 있다.

과거 위인

● 이미 죽은 위대한 인물이 방 가운데로 들어오는 것
을 보는 꿈

사업이나 추진하던 일, 작품, 학문 등이 크게 성공하
여 꿈속의 위대한 인물처럼 명성을 떨치게 되거나 훌
륭한 자식이 태어날 태몽이 되기도 한다.

구렁이

● 구렁이가 몸을 감고 조이는 꿈

기혼 여성의 경우는 임신을 하거나 다른
사람과 간통하게 되고, 노인의 경우에는
자손의 꿈을 대신 꾼 것이다.

태몽

● 많은 황색 구렁이가 늘어서 있는 꿈

태몽으로, 장차 위대한 정치가나 사업가, 권세가가 될 아이가 태어난다.

● 큰 구렁이가 자기의 몸을 휘어 감는 꿈

무슨 일을 하든 쉽게 적응하고 사람들과 잘 어울릴 사내아이를 낳을 꿈이다. 건축이나 설계, 토목 계통에 재능이 있으며, 다재다능하여 어디를 가더라도 인기를 한 몸에 차지하는 팔방미인이 될 것이다. 특히 구렁이를 타고 하늘로 올라가는 꿈은 후에 명예를 얻어 큰 인물이 될 꿈이다.

● 큰 구렁이게 물려 통증을 느끼는 꿈

임산부가 이런 꿈을 꾸면 장차 크게 명성을 떨치고 높은 지위를 가진 인물이 될 아이를 출산하게 된다.

구름

● 누군가 오색구름을 타고 오는 꿈

태어날 아기는 장차 인기 직업을 가진 유명인이 될 것이다.

몽

402 ● 좋은 꿈

금반지

● 은은하게 빛을 발하는 금반지를 받아 손에 끼는 꿈
어려서는 작은 시련이 따르겠지만 성인이 되면 큰 명
예를 얻게 될 사내아이를 낳을 꿈이다. 같은 반지라도
광채가 없는 금반지나 은반지, 쌍가락지, 혹은 금반지
를 여러 개 얻는 것은 딸을 낳을 꿈이다.

꾀꼬리

● 꾀꼬리가 자기 품안으로 날아들거나 붙잡는 꿈
임산부인 경우 태몽으로, 태어날 아이는 장차 유명인
이나 연예인이 되어 세상에 이름을 떨치게 될 것이다.

나뭇가지

● 아카시아의 나뭇가지가 엉클어져 터널을 이룬 곳을
걸어가는 꿈
부귀한 아기를 낳게 될 것이다. 뿐만 아니라 효성도
지극할 것이다.

태몽

● 난초 화분을 집 안으로 들여온 꿈

난초의 상징처럼 신분이 고귀하고 충절을 가진 아이
가 태어날 것이다.

다리

● 허벅다리에 총을 맞는 꿈

꿈을 꾸는 사람에 따라 해석이 달라질 수 있다. 처녀
가 이런 꿈을 꾸면 총을 쏜 상대방과 결혼을 할 것이
며, 결혼을 한 여성이 이런 꿈을 꾸면 아기를 가지게
될 것이다. 남자가 이런 꿈을 꾸면 권력자나 직장 상사,
윗사람에게 복종하게 될 것이다.

달

● 달을 쳐다보거나 품에 안는 꿈

미혼 남녀가 이런 꿈을 꾸면 결혼을 하게 된다. 또한
기혼 남녀는 아기를 가지게 된다.

태몽

● 달이 유난히 빛을 발하는 꿈

결혼과 임신을 의미하며 재산이 늘어 살림이 넉넉해
질 것을 예시하는 길몽이다. 동쪽 하늘에 걸려 있는
보름달이 가장 좋다.

● 달이 품에 들어오거나 달을 삼키는 꿈

축복 받은 아기를 잉태할 태몽이다. 태몽이 아니라면
커다란 행운이 찾아올 암시다.

● 방 안으로 달빛이 비쳐 들어오는 꿈

결혼과 임신의 암시다.

달무리

● 달무리가 오색찬란한 것을 보는 꿈

태몽으로 명예와 권세를 가질 아이가 태어날 것이다.
아기가 종교인으로 자란다면 세례를 받거나 출가를
할 수도 있다.

태
몽

대추

● 대추나무에 대추가 다닥다닥 열려 있는 것을 본 꿈
대부분 태몽으로서 자손이 번창할 것을 암시한다.

대통령

● 자기 자식에게 대통령이 색동옷 한 벌을 가져다 입히는 꿈
태몽이라면 그 아이는 커서 국가적인 어떤 명예를 얻게 될 것이다.

도마뱀

● 도마뱀에게 물리는 꿈
미혼 남녀가 이런 꿈을 꾸게 되면 혼담이 성사된다. 혹은 취직, 입학 등의 일이 이루어질 것을 예시한다. 태몽이라면 좋은 직장을 갖게 될 아이를 낳게 된다.

돈

태몽

● 교회에 거액을 헌금하는 꿈

귀한 자식을 얻게 될 태몽이거나 아니면 사업에서 큰 성공을 거두게 될 좋은 꿈이다.

돼지

● 새끼 돼지를 쓰다듬는 경우

태몽으로, 태어날 아기는 잘 자라고 의식주에 걱정 없는 부유한 사람이 될 것이다. 그러나 게으르고 노력하지 않으려는 경향이 있으며, 생각이 깊지 못할 수도 있어 그 자식으로 인해 속을 썩게 될 수 있다.

● 송아지만큼 큰 돼지 한 마리를 사서 집 안으로 몰고 들어오는 꿈

상당히 많은 액수의 재물을 획득함을 예시하고 있다. 또한 이렇게 보석이나 기타 무엇을 얻는 꿈도 태몽이거나 현실에서 모두 좋은 결과로 실현된다.

떡

● 큰 시루에 담은 떡을 다 먹어치운 꿈

태몽으로, 태어날 아이는 장차 정신적 물질적인 어떤
큰일을 해서 성공하고 귀하게 될 것이다.

말

● 날개 달린 백마가 하늘로 날아오르는 꿈
입신출세하고 고귀한 신분이 될
길몽 중의 길몽이다. 이것이 만
일 태몽이라면 장차 이름을 만
방에 떨치고 학문으로 대성할
자식을 낳게 된다.

● 들판을 달리는 말의 뒤를 망아지가 따라오는 꿈
장차 어학에 소질이 있어 작가나 기자 등의 분야에 종
사할 여자아이를 낳을 것이다.

● 말을 타고 달리는 사람들을 보는 꿈
기혼 여성이나 임산부가 이런 꿈을 꾸면 태몽으로, 태
어날 아이는 정치가나 정부의 고급 관리가 될 것을 예
시한다.

태몽

● 푸른 잔디밭에 매인 말을 본 꿈

태몽으로, 장차 태어날 아이는 복이 많으며, 평생 먹고사는 걱정 없이 여유 있는 삶을 살게 된다.

멧돼지

● 멧돼지가 달려들거나 물려는 꿈

태몽으로, 씩씩하고 용맹스러운 자손이나 높은 관직에 오르거나 명성을 떨칠 자손을 낳는다.

● 산 정상에 있던 멧돼지가 내려와 이빨로 자기 배를 찌른 꿈

태몽으로, 태아가 장차 최고의 명예나 권리를 말년에 획득하게 됨을 예시한다.

무

● 무나 약 뿌리를 들고 도망친 꿈

장차 의사나 법관, 소설가가 될 아기를 낳을 것을 예시한 태몽이다. 또한 고통스럽게 아기를 낳게 될 것이다.

태몽

문

● 문 안으로 햇빛이나 달빛, 그 밖의 광선이 들어오거나 창문에 비쳐 방 안이 환해지는 꿈
부귀영화를 누릴 아기를 낳는다.

문서

● 백발노인 또는 신령한 존재, 조상 등이 어떤 문서를 가져다주어 받는 꿈
태어날 아기는 장차 어떤 대 학자의 지도를 받아 학문 연구를 하고 그 사람의 후계자가 될 수 있다.

물고기

● 그물이 찢어질 정도로 많은 물고기를 건져 올린 꿈
아들을 낳게 될 태몽이다.

● 물고기를 낳은 꿈
태몽으로, 장차 태어날 아이는 앞으로 운이 매우 좋아 재물을 모으게 되고 부귀영화를 누리게 된다.

태
몽

410 ● 좋은 꿈

● 오색찬란한 물고기를 치마에 받는 꿈

태몽으로, 장차 태어날 아이는 소설가가 되거나 인기
인이 되어 사회적으로 유명인이 되고 높은 지위를 얻
게 된다.

밥그릇

● 밥이 가득 담겨진 밥그릇을 본 꿈

결혼이나 임신 등을 암시하는 꿈이다. 그러나 만일 그
밥에 수저가 꽂혀 있었다면 죽음을 암시하는 꿈이다.

● 조상이 쓰던 밥그릇을 얻어 가지는 꿈

장차 아기는 가업을 계승하거나 전통적인 일에 종사
하게 될 것이다.

방

● 방 안으로 동물이 들어오는 꿈

장차 그 아기는 입신양명을 하게 된다. 만약 동물이
방에 있다가 사라지면 아이의 요절을 예시하는 것이다.

태몽

● 밭에서 고구마나 무를 캐내는 꿈

횡재를 하거나 하는 일에서 큰 성공을 거두어 이득을
얻게 될 것을 예시하는 길몽이다. 혹은 임신의 징조이
기도 하다.

● 밭에서 무를 뽑아 실어오는 꿈
아들을 낳을 태몽이다.

배

● 배가 남산만 해져 있는 꿈
실제로 임신할 가능성이 크다.

뱀

● 뱀과 성교하는 꿈

기혼 여성이나 임산부가 이런 꿈을 꾸면 태몽으로 태
어날 아이는 장차 권세나 명예, 지혜를 가지게 된다.

태
몽

● 새빨간 뱀이 치마 속으로 들어오는 꿈
장차 태어날 아이는 용감하고 정열적인 사내아이가
될 것이다.

● 자기 집 대문으로 뱀이 들어오는 것을 보는 꿈
태몽이거나 집안에 혼담이 성사될 것이다.

벌

● 나무에 매달린 벌집에서 수많은 벌들이 드나드는 것
을 보는 꿈
장차 태어날 아기는 크게 재물을 모으
거나 권력을 잡게 될 것이다.

별

● 별이 품에 떨어지거나 치마폭에 받거나 별을 삼키는 꿈
이런 꿈을 꾸고 태어난 아기는 장차 고귀한 신분으로
명예와 업적을 쌓아갈 것이다.

태
몽

봉황

● 봉황 두 마리를 얻는 꿈
문무를 두루 겸비한 천재적인 아이를 낳을 태몽이다.

뽕나무

● 뽕나무 열매를 따 가지는 꿈
임신을 하거나 성교, 계약 등의 일이 이루어진다.

부처님

● 부처님을 만나는 꿈
태몽으로 귀한 아들을 얻게 될 것을 예시한다. 혹은
그 자손이 번성하여 집안을 빛내게 된다.

불

● 도시가 불길에 휩싸여 활활 타는 것을 구경하는 꿈
이 꿈을 꾸고 태어난 아기는 위대한 사상가가 되거나
전 세계적으로 위대한 정치가가 될 것이다.

● 불덩이가 하늘에서 떨어져 치마폭이나 뱃속으로 들어가는 꿈

태몽으로 태어날 아이는 장차 큰 사업가가 되어 큰돈을 벌게 되거나 훌륭한 배우자를 만나게 되어 행복한 미래를 만들게 된다.

● 임산부가 구름 속에서 떨어진 불덩이를 본 꿈

태몽으로 태어날 아이는 장차 고급 관리가 되어 혁신적인 정책을 내세우게 되며, 그로 인해 이름을 세상에 알리게 되어 부와 명예를 함께 지니게 된다.

불상

● 사찰에 들어가 불상이나 목탁을 손으로 만지는 꿈

태몽이기가 쉽다. 신앙심이 돈독하여 성실하고 착한 효자나 효녀를 임신하게 된다.

붕어

● 강에서 커다란 붕어 한 마리를 손으로 붙잡아 안고 집으로 오는 꿈

태몽

사회적인 재물이나 이권, 권리, 명예 등을 한몫 크게 얻을 것을 예시한 꿈이다. 태몽이라면 큰 인물을 낳을 것을 예시한다.

● 큰 붕어를 잡아 품에 안고 오는 꿈
큰 재물을 얻게 되거나 태몽이라면 장차 그 아이는 큰 인물이 될 것이다.

● 한 마리의 붕어를 손으로 잡아 두 팔로 안고 온 꿈
태몽으로, 태아가 장차 직위와 재물을 겸비하거나 책을 저술할 사람이 된다.

사슴

● 예쁜 암사슴을 보는 꿈
예술적인 면에 소질을 보이는 여자아이를 낳을 꿈이다. 장차 이 아이는 예술적인 방면이나 여성적인 일을 하게 될 것이다. 성격 또한 부드럽고 지극히 여성스러워 결혼을 하면 현모양처가 될 것이다.

태몽

● 깊은 산 속에서 고귀한 신분의 사람이 내려오는 꿈
학문의 깊이가 깊어지거나 공직에 나아가게 될 것이다.
태몽인 경우 그 아기는 장차 위대한 학자에 의해 입신
양명하게 된다.

● 산을 떠밀어 옮기는 꿈
알찬 일거리를 얻게 되거나 권력자나 권세가, 영향력
을 발휘하는 어떤 기관을 마음대로 움직일 수 있게 될
것이다. 태몽일 경우 위대한 정치가나 권력자가 될 아
기가 태어날 것이다.

● 산에서 산신령이 동자를 데려다 자신에게 준 꿈
태몽으로 태어날 아이는 유명한 어떤 학자가 못다 이룬
학문적 과제를 맡게 되고 연구하여 명성을 얻게 된다.

상여

● 상여 뒤를 수많은 만장이 휘날리고 많은 조객이 따
르는 꿈

태
몽

임산부가 이런 꿈을 꾸면 장차 태어날 아이는 명예로운 일을 성취시키게 되고 수많은 사람이 그 업적을 기리게 된다.

새

● 새 떼가 날아다니다 그중 제일 큰 새가 자기 집 안으로 날아드는 꿈
태몽으로 태어날 아이는 장차 운동선수가 되어 이름을 떨치게 되거나 어떤 집단, 단체 등의 우두머리가 될 것이다.

● 하늘에서 귀여운 새 한 마리가 내려오며 아름다운 노래를 지저귀고, 그 위로 수많은 꽃들이 떨어지는 꿈
태몽으로 태어날 아이는 장차 화려한 직업을 가지게 되며, 특히 말이나 입을 통해 유명인이 될 것이다.

샘물

태몽

● 샘물이 솟아 산과 들을 덮는 꿈
작가나 학자인 경우 문학이나 학문 연구를 발표하고

명성을 얻게 되어 대성하며, 임산부가 이런 꿈을 꾸게
되면 태어날 아이는 장차 사업가나 대문호가 되어 재
물과 명예를 함께 얻는다.

선녀

● 선녀가 자신에게 아기를 가져다주는 꿈

태몽으로 태어날 아이는 장차 정부 고관이 되어 중책
을 맡게 되거나 한 분야에서 최고의 학자가 되어 학문
적 업적을 남겨 돈과 명예를 얻게 된다.

● 하늘에서 신선이나 선녀가 내려와서 동자를 맞이하
는 꿈

신선 또는 선녀는 태아의 동일시인데, 그 아이는 신선
이나 선녀와 동일시되는 어떤 신분의 사람이 될 것을
상징하는 것이다.

소

● 누런 암소가 검은 송아지를 낳는 꿈

태몽이다. 이것은 장차 태어난 아이는 자라나면서 부

태
몽

모의 속을 썩이거나 어머니와 아이가 이별을 하게 된다.

● 누런 암소가 자신의 손가락을 무는 꿈
효자 아들을 낳을 꿈이다.

● 성난 소에게 쫓기는 꿈
이 경우는 대개 태몽인 경우가 많다.

● 세 마리의 황소가 매어져 있는 것을 보는 꿈
황소의 꿈을 꾸고 태어난 아기는 장차 무슨 일이든 스스로 해결하는 능력을 가져 자수성가하게 된다.

소변

● 그릇에다 오줌을 누는 꿈
아내의 임신을 예지한 꿈이라고 볼 수 있다. 그러나 만일 그 그릇이 남의 밥그릇이었다면 아내 외의 다른 여성에게서 자식을 얻을 징조다.

● 소변을 보고 나서 개운해진 꿈
잠을 자면서 소변을 보고 싶은 경우가 아니라면 재물

태몽

운이 트이고 행운이 다가올 징조다. 소변을 힘차게,
시원하게 볼수록 큰 행운이 찾아온다. 여성이 이런 꿈
을 꾸었을 경우엔 임신을 의미하는 것일 수도 있다.

숲

● 숲 속에서 과일이나 버섯을 따는 꿈

모든 일이 순조롭게 이루어질 꿈으로 학생들은 성적
이 오르고 미혼 남녀는 연애에 성공하게 되고, 태몽이
라면 귀하게 될 아기를 낳게 될 것이다.

스님

● 어떤 스님이 자신의 집 대문 앞에 서서 목탁이나 꽹
과리를 두드리는 소리를 듣는 꿈

태몽일 경우 그 아기는 사회적으로 크게 이름을 떨치
고 집안을 일으킬 것이다.

신적인 존재

● 누군가 자신 앞에 나타나 십자가나 부처상, 성모마

태몽

리아상, 관음보살상 등을 주고 그것을 받는 꿈
태몽으로 훌륭한 자녀를 얻을 꿈이며, 여러 방면에서
성공하여 명예를 얻고 많은 학자를 만나 도움을 받게
된다.

● 하늘에서 신령한 존재가 동자를 데리고 오는 꿈
그 동자는 태아가 출생하여 장차 이룩해야 할 권리나
학문적인 일거리이며, 신령한 존재는 그 아이를 출세
시켜줄 권력자나 지도자의 동일시다.

● 하늘에서 신의 음성이 들려 어떤 계시나 예언을 하
는 꿈
태어날 아기는 장차 국가나 사회적인 권위자가 어떤
임무나 명예를 부여할 일을 예시한다.

쌍무지개

● 쌍무지개를 보는 꿈
태몽으로, 쌍둥이를 낳게 된다. 일반 꿈이라면 어떤
두 가지 일에 개입하게 되거나 두 가지 사업을 벌이게
된다.

태
몽

아궁이

● 아궁이에서 호랑이, 뱀, 금은보화 등을 본 꿈

장차 아이는 일찌감치 청년기부터 성공을 하게 될 것이다. 특히 학교나 연구소, 기관 등에서 출세하게 될 것이다.

어린이

● 길을 가는데 낯선 아이가 나타나 "엄마(아빠)!", 또는 "할머니(할아버지)!"라고 부르며 와서 안기는 꿈

꿈속에서 자신이 그 아이를 반갑게 맞아 덥석 안아주었다면 실제로 새 식구가 늘어날 것에 대한 암시로 본다.

● 깊지 않은 물에 들어가서 물장난하는 아이를 본 꿈

태몽일 확률이 높다. 이런 태몽을 꾸고 낳은 아이는 성격이 원만하고 재치가 있어 많은 사람들로부터 사랑을 받게 된다.

● 어린아이를 신령한 존재가 데려다 주거나 저절로 나타난 꿈

태몽

태몽으로 태아가 장성해서 학문적인 업적을 남김을
예시한다.

용

● 물 가운데서 용이나 뱀 등이 안개를 휘감고 달려오
는 꿈
장차 그 아이는 학업이나 수련을 통해 훌륭한 인물이
될 것이다.

● 샘물에서 목욕을 하고 용과 함께 승천하는 꿈
장차 용이 승천하는 것 같이 훌륭한 인물이 될 것이다.
일반인이 이런 꿈을 꾸게 되면 어떤 권리나 이권, 명
예 등을 획득하게 된다. 실제로 이런 꿈을 꾸고 복권
에 당첨된 사례가 있다.

● 어느 곳에서 땅을 파 보니 용의 머리가 있어서 가지
고 온 꿈
일이나 직업, 사업에 있어 중요한 부분을 차지하게 되
는 것을 의미한다. 이것이 태몽이라면 앞으로 태어날
아기가 누리게 될 명예나 권력 등을 상징한다.

태
몽

● 용을 칼로 베거나 총으로 쏘아 죽이는 꿈

사업이 크게 성공하거나 큰 업적을 달성하게 된다. 또는 장차 크게 성공할 귀한 자식을 낳게 된다.

● 용이 구름 속에 들면서 뇌성벽력을 치는 꿈

장차 아이는 크게 성공해서 국가나 사회를 지도하고 통솔할 일을 하게 된다. 용이 사업체를 상징한다면 그 사업의 성과가 세상을 감동시키고 계몽하게 될 것이다.

● 용이 자기 몸에 감기는 꿈

기혼 여성은 큰 인물이 될 아기를 낳게 되고, 미혼 여성은 크게 될 남성과 결혼을 하게 될 것이다. 또한 일반인은 큰 재물을 모으거나 세력을 얻게 될 것이다.

우물

● 집 안에 있는 깊은 우물에서 용이나 구렁이, 독수리 같이 신령한 동물이 나오는 꿈

아이는 장차 정부 기관에서 일을 하거나 사회적으로 크게 성공하고 출세하여 명성을 떨치게 될 것이다.

태몽

유방

● 유방에서 젖이 나와 옷이 흥건하게 젖는 꿈
조만간 임신하게 될 징조이며 만일 미혼 여성이 이런
꿈을 꾸었다면 곧 결혼하게 된다.

이슬

● 이슬을 받아 배불리 마시는 꿈
진리를 깨우친 현자가 되거나 태몽이라면 그 아기는
장수할 뿐만 아니라 지혜로울 것이다.

인형

● 인형을 갖고 노는 꿈
여성의 경우 임신의 징조다.

임산부

태몽

● 임산부가 금불상을 얻는 꿈
태어날 아이가 장차 사회적으로 위대한 사업체를 남

기거나 정신적인 업적을 이룩하여 세상에 진리를 널리 퍼뜨리게 될 것이다.

저울

● 금은으로 된 저울을 얻은 꿈
태몽으로, 태아가 장차 학자, 재판관, 평론가, 비평가 등이 됨을 예시한다.

전염병

● 전염병에 걸리거나 전염병에 걸릴까 봐 두려워했던 꿈
여성이라면 임신과 관련된 꿈이다. 꿈속에서 전염병에 걸려 있었다면 실제로 이미 임신했을 가능성이 높다.

절

● 절간의 종소리가 멀리 울려 퍼지는 꿈
크게 이름을 떨칠 아기를 낳을 것이다.

태몽

● 절에 가 부처님이나 스님이 주는 물건을 받아 가지는 꿈
고급 관리가 되거나 학자가 될 아이의 태몽이다.

● 절에 거금을 시주하는 꿈
이런 꿈을 꾸고 낳은 아이는 총명하고 두뇌가 영특하여 학문으로 성공하거나 높은 관직에 오르게 된다.

접시

● 접시를 얻는 꿈
두 번 시집가거나 둘째 부인이 될 여자아이를 낳게 될 것이다. 만약 아기가 남자아이일 경우에는 둘째 자리에 관계된 일, 또는 부수적인 신분이나 사업에 종사한다.

제비

● 제비가 품속으로 들어온 꿈
태몽으로, 아이는 장차 정·관계에 진출하여 성공하게 된다.

태
몽

● **개천이나 해변에서 많은 조개를 잡는 꿈**

작가가 이런 꿈을 꾸면 많은 창작물을 발표하여 명성을 얻게 되며, 미혼 여성인 경우에는 혼담이 오가 결혼을 하게 되고, 기혼자인 경우 임신을 하게 된다.

● **바다나 강에서 조개를 잡는 꿈**

여자아이를 낳을 태몽으로, 조개를 많이 잡으면 잡을수록 태어날 아이는 장차 많은 재물을 얻게 되거나 사업체를 일으켜 성공을 하게 된다. 또는 성공한 작가가 될 것이다.

지붕

● **지붕에 나무나 풀이 자라는 것을 보는 꿈**

사업이 융성하고 세상에 업적을 남기게 될 것이다. 태몽인 경우 그 아기는 공직에 나아가 그 기관의 장이 될 것이다.

태
몽

● 산신령이 책을 주기에 받아드는 꿈

그 아기는 장차 훌륭한 학자에게 사사를 하거나 그의
가르침으로 큰 학문적 업적을 남기게 될 것이다.

치마

● 검은 치마에 해를 받았더니 오색찬란한 갑사 치마로
변한 꿈

태몽으로 평범한 신분에서 일약 고귀한 신분이 될 것
을 암시한 것이었다.

● 오색찬란한 물고기를 치마에 받는 꿈

태몽으로 태아가 장차 인기 작품을 쓰거나 인기인이
되어 사회적으로 유명인이 될 것을 예시한다.

태양

● 달이 해를 가린 꿈

이것이 태몽이라면 총명한 아이를 낳게 된다. 때로는

태
몽

권력이 그리 오래가지 못할 것이라는 암시이기도 하다.

● 큰 해가 입 속으로 들어와 꿀꺽 삼키는 꿈
길몽 중의 길몽. 커다란 행운을 가져올 꿈이며 지위와 재산, 명예를 얻게 된다. 이것이 태몽이라면 장차 큰 인물이 될 자식을 잉태한다.

● 해가 자기 집 지붕에 떨어져 데굴데굴 굴렀던 꿈
이것이 태몽일 경우 예술가나 과학자가 되어 세계적으로 이름을 떨칠 만한 아이가 태어나게 된다.

● 해를 보고 절하는 꿈
태어날 아이는 장차 정부 관리나 최고 기관의 관직을 얻게 될 것이다.

토끼

● 토끼가 떡방아를 찧고 있는 꿈
결혼을 앞둔 미혼 남녀가 아니라면 귀인을 만나 좋은 세월을 만나게 될 것을 암시한 것이다. 태몽인 경우도 있다.

태몽

포도

● 공중에서 포도송이가 내려오는 것을 치마폭에 받는 꿈

장차 재주가 비상한 아기를 낳을 것이며, 그 아이는 교육자로서 대성하게 될 것이다.

● 포도송이를 받아 가지는 꿈

결실이 많은 포도송이를 받아 가지는 꿈을 꾸고 태어난 아이는 장차 위대한 문학자나 교육자가 될 것이다.

학

● 학이 품안에 들거나 어깨에 앉는 꿈

지조 있는 여성이나 학자, 성직자 등을 낳을 태몽이거나 학문적인 연구에 몰두할 일에 관계한다.

호랑이

● 깊은 산속에서 굴속이나 바위틈에 웅크리고 앉아 있는 호랑이를 발견하는 꿈

연구 기관이나 학문 분야에서 지도자의 위치에 서게

태몽

432 ● 좋은 꿈

되며, 태몽이라면 아이는 장차 학구적인 일에 관련하여 종사하게 된다.

● 백호가 집 안으로 들어오거나 품으로 뛰어드는 꿈

높은 관직에 올라 권위와 실력을 갖춘 귀한 신분이 될 것을 암시한다. 이것이 태몽이라면 입신출세할 귀한 자식을 보게 된다.

● 새끼 ·호랑이 두 마리를 한꺼번에 안은 꿈

태몽으로, 형제를 두게 되고 장차 그들이 자라나서 높은 지위에 오르거나 사업가가 되어 성공을 하게 된다.

● 호랑이가 달려드는 꿈

미혼 여성이 이런 꿈을 꾸면 활달하고 씩씩한 남자가 구애를 해오게 될 것이다. 기혼 여성이라면 태몽으로, 태어날 아기가 씩씩하고 활달한 사람이 될 것을 예시한다.

● 호랑이를 삼키는 꿈

장차 그 아기는 훌륭하고 권세를 잡는 사람이 될 것이다.

태몽

● 호랑이에게 정성껏 절을 하는 꿈

일에 큰 공을 세우게 되며 천신만고 끝에 귀한 자녀를
잉태하게 될 태몽이다.

호수

● 호수에서 용 등의 신령한 동물이 나오는 것을 보는 꿈

태몽으로 태어날 아이는 장차 귀한 신
분이 되며 출세를 하여 세상에 이름을
드높이게 된다.

부록

복권에 당첨되는 꿈

과일
- 길을 걸어가다 산딸기를 발견하는 꿈
- 대추나무 밑에서 대추알을 받는 꿈
- 등나무 사이로 호박이 열려 있는 꿈
- 복숭아나무 가지에서 잘 익은 복숭아를 따는 꿈
- 뽕나무의 열매를 따서 그릇에 담았던 꿈
- 하늘에서 천도복숭아가 집 안으로 떨어지는 꿈

금·돈
- 강물 속에서 황금덩어리를 건져낸 꿈
- 금으로 만든 도장 다섯 개를 얻은 꿈
- 길거리에서 손거울이나 돈다발, 금시계를 줍는 꿈
- 남의 집에서 금은보화를 훔쳐 집으로 가져오는 꿈
- 누군가에게 돈다발을 받는 꿈
- 동전이 지폐로 바뀌는 꿈
- 명함이 변하여 금덩어리가 되는 꿈
- 물건을 샀는데 돈을 지불한 기억이 없는 꿈
- 베개 속에서 금은보화가 나오는 꿈
- 엄청나게 많은 동전을 자루에 담는 꿈
- 철공소에 쇳덩어리가 가득 쌓여 있는 꿈

동물
- 개울에서 우렁이나 소라를 잡는 꿈
- 거미가 기어가는 꿈이나 길에서 구더기를 본 꿈

- 거북이가 바가지나 항아리 속에 들어 있는 꿈
- 거북이를 타고 바다를 건너는 꿈
- 고양이가 쥐를 잡는 것을 보는 꿈
- 곳간 문을 열어 보니 구렁이가 똬리를 틀고 있는 꿈
- 공중에서 떨어지는 조개를 받아서 삼키는 꿈
- 구렁이에게 칭칭 감기어 숨 막히는 꿈
- 그물을 던져서 물고기를 잡은 꿈
- 낚시를 할 때 수많은 복어를 잡는 꿈
- 논두렁에서 미꾸라지를 잡는 꿈
- 누에고치가 방 안에 가득한 꿈
- 다람쥐가 큰 수박을 굴리는 꿈
- 돼지 떼가 집 안으로 들어오거나 품에 안기는 꿈
- 돼지가 집 안으로 들어오거나 돼지가 새끼를 낳은 꿈
- 돼지머리를 제사상에 올려놓는 꿈
- 돼지를 차에다 실어 집으로 들여오는 꿈
- 물개를 타고 바다를 달리거나 물개를 잡는 꿈
- 미꾸라지가 빗줄기를 타고 하늘로 올라간 꿈
- 배가 고기를 가득 싣고 부둣가로 들어오는 꿈
- 뱀에게 물려 그 자리에서 독을 짜내는 꿈
- 비둘기가 방으로 들어와 똥을 싸는 꿈
- 사슴뿔을 얻거나 사슴을 추격해 생포하는 꿈

- 산에서 산삼을 캐거나 산삼을 본 꿈
- 산이나 밭에서 흰 백사를 잡는 꿈
- 수십 마리의 곰들이나 양 떼가 집 안으로 들어오는 꿈
- 용이 여의주를 물고 승천하다가 나에게 떨어뜨리는 꿈
- 용이 자신을 덮치거나 용을 목에 걸치는 꿈
- 창고에 쌓아놓은 곡식을 쥐 떼들이 먹어치운 꿈
- 화장실 욕조 안에 잉어가 보이는 꿈

- 개에게 다리나 손을 물려 피가 철철 흐르는 꿈
- 길을 걸어가다 똥을 밟는 꿈
- 누군가의 칼에 찔려 피가 흐르는 꿈
- 대변이 가득한 화장실에 빠지는 꿈
- 대소변이 몸에 붙어 씻으려 해도 한없이 묻는 꿈
- 동물의 목을 잘라 피가 솟아나는 꿈
- 돼지우리 안에 똥이 수북이 쌓여 있는 꿈
- 뱃속에 피가 고여 배가 불룩해지는 꿈
- 자기의 소변이 큰물을 이루어 마을을 뒤덮는 꿈
- 코피가 터져 피를 흘리는 꿈

- 목욕탕에서 목욕을 하는데 불이 나는 꿈
- 물이 가득 흘러넘치는 꿈

- 물이 새나오려는 것을 막으려고 애쓰는 꿈
- 바닷물이 육지로 넘쳐나거나 집 안으로 밀려오는 꿈
- 불이 나서 끄는데도 좀처럼 꺼지지 않아 애를 먹은 꿈
- 자신의 눈물이 흘러 강과 바다가 되는 꿈
- 집에 불이 나서 안에 있던 사람이 타 죽은 꿈
- 하늘에서 번개가 쳐서 집이 부서지는 꿈

- 시체가 들어 있는 관을 집으로 들여오는 꿈
- 시체를 무더기로 보거나 시체가 자신을 향해 오는 꿈
- 시체를 손으로 만지거나 시체를 안고 잠을 자는 꿈
- 시체에서 유품을 빼앗아 가지는 꿈
- 영구차 문을 열어 보니 시체가 가득 쌓여 있는 꿈
- 자기가 죽어서 집안사람들이 통곡하는 꿈
- 저수지에서 송장을 건져내는 꿈

- 거지에게 식사를 대접하는 꿈
- 노인이나 조상으로부터 지폐나 수표를 건네받는 꿈
- 대통령이나 고위직 공무원과 식사를 하는 꿈
- 돌아가신 부모가 금은보화를 안고 집으로 들어오는 꿈
- 돌아가신 시어머니에게 꽃을 한 송이 받는 꿈
- 돌아가신 어머니나 아버지가 도와주겠다고 말한 꿈

- 돌아가신 조상이 며칠 동안 계속해서 나타나는 꿈
- 산신령으로부터 인삼이나 금은보화를 받는 꿈
- 유명인사나 연예인으로부터 귀금속을 받는 꿈

- 거름으로 쓰이는 오줌통을 메고 집으로 들어오는 꿈
- 과녁을 향해 쏜 화살이 적중되는 꿈
- 남편이나 아내와 얼싸안고 춤을 추고 있던 꿈
- 도끼로 나무를 단번에 찍어 쓰러뜨리는 꿈
- 말을 타고 산을 단번에 오르는 꿈
- 복권을 구입했는데 번호가 전혀 없는 꿈
- 복권을 구입했는데 구체적인 수를 본 꿈
- 비행기에서 쏘는 기관총 탄피를 주운 꿈
- 새로운 집으로 이사 가는 꿈
- 소를 팔러 장에 가는 꿈
- 수많은 군중들 앞에서 큰 소리로 연설하는 꿈
- 자신이 돌멩이를 주워 울타리를 쌓는 꿈
- 적진에 미사일을 발사하며 진군하는 꿈
- 전쟁터에서 적의 무기와 군수품을 노획하는 꿈